シリーズ「遺跡を学ぶ」

006

五千年におよぶムラ

平出遺跡

小林康男

新泉社

五千年におよぶムラ
―平出遺跡―

小林康男

【目次】

第1章　発掘への道のり

1　泉の賜物と桔梗ヶ原

平出の泉

ＪＲ塩尻《しおじり》駅から名古屋方面にむかうと程なくして、左手に山容の美しい比叡《ひえ》ノ山が目に入ってくる。その東麓には、今でも豊かな水量を湧出する澄明な「平出《ひらいで》の泉」が四囲の緑を映している。平出遺跡は、このなだらかな小丘を背景とし、泉から流れ出た渋川《しぶかわ》に沿い、北を走る中山道とに挟まれた地域に広がっている。遺跡の北辺には、水の乏しい桔梗《ききょう》ヶ原《がはら》と呼ばれる平坦地が続き、江戸時代までは無住・不毛の原野であった。

「すがの荒野」と呼ばれた桔梗ヶ原の中にあって、ここ平出の地は「平出の泉」を命の糧として、縄文以来の歴史を今に育んできたのである。

ここは長野県のほぼ中央、松本平の南端にあたり、現在、一帯はブドウとワインの里として知られている。秋ともなるとブドウの甘い香りに満たされる。そんな一角に遺跡はある。

塩尻は、交通の要衝といわれている。古代には、東山道・吉蘇路《きそじ》の、近世には中山道《なかせんどう》、三州街道、善光寺街道の分岐点にあたり、また、近代以降には、ＪＲ中央東線・西線、国道一九、二〇、一五三号線が交差している。このような地理的条件に恵まれて、塩尻には原始・古代から現在までさまざまな文物がもたらされ、豊かな歴史が育まれてきた。

桔梗ヶ原の矢の根石

一七八三年（天明三）に、三河の生まれで、考古・民俗学研究の先駆者として名高い江戸時代の旅行家・菅江真澄《すがえますみ》は、この年一生帰ることのない旅立のため故郷を後にし、五月に旧知の洞月《どうげつ》上人《しょうにん》（長興寺《ちょうこうじ》）を訪ねて現塩尻市洗馬《せば》に到着した。

真澄は、翌年六月まで一年二カ月にわたって釜井庵《かまいあん》に滞在し、この間に見聞した事柄を数冊の著作に残している。その一冊、『伊奈濃中路《いなのなかみち》』の一節に、桔梗ヶ原での出来事をつぎのように述べている。

「桔梗原にいづれば、名にしおふきちかう、をみなへしの盛、おかしう見つゝ分ければ、此野には石砮あり、家づとにひろは

図１●平出の泉

んなどいひもて」

この桔梗ヶ原で「石弩《いしゆみ》」＝石鏃《せきぞく》が拾えるという見聞は、平出遺跡での出来事と考えてよさそうである。真澄によって平出遺跡にはじめて光が当てられたといえる。

さらに真澄の洗馬滞在から五〇年後、一八四三年（天保一四）に、中山道洗馬から碓氷《うすい》峠にいたる名所・古跡を紹介した『善光寺道名所図会』巻一が豊田利忠《とよだとしただ》によって著された。

「桔梗ヶ原、西方の山隔たりて平原の地也、此辺の川原にて矢の根石を拾ふ事あり。雨の後なぞ多しとぞ。他所にもあれども桔梗ヶ原のを上品とするなり。矢の根石は往古神軍の時の矢の根なるべしと、石寿軒雲雀が説なり」

当時の旅行ガイドブックとでもいうべき名所図会に紹介された平出を含めた桔梗ヶ原の「矢の根石」は、当時の旅人にとっても一般的なエリア情報であったのだろう。

図 2 ● 空から見た平出遺跡
中央に広がる畑地帯に平出遺跡はある。左手奥の山際には古代からの水田と想定される「長田」が、右端には比叡ノ山すそが見える。

その後、時代は江戸から明治に移り、時の明治政府によってつくられた『長野県町村誌』（一八九九年）や、渡辺市太郎の『信濃宝鑑』下巻（一九〇〇年）でも、平出周辺から矢の根石が発見されることが記されている。こうした江戸時代以来の平出遺跡に関する考古学的関心は、やがて平出遺跡が世に出る伏線として記憶にとどめられなければならない。

2　情熱の人・丸山通人

はじめての発掘

一九三二年（昭和七）の春先、当時宗賀《そうが》小学校訓導であった丸山通人《みちと》の元に、教え子が、床尾《とこお》新道の工事現場から拾い出したおびただしい数の縄文土器を抱え込むようにして持ち込んできた。連れられて行った先の平出で丸山は、掘り返された土の中に土器がごろごろ転がっている光景を目に

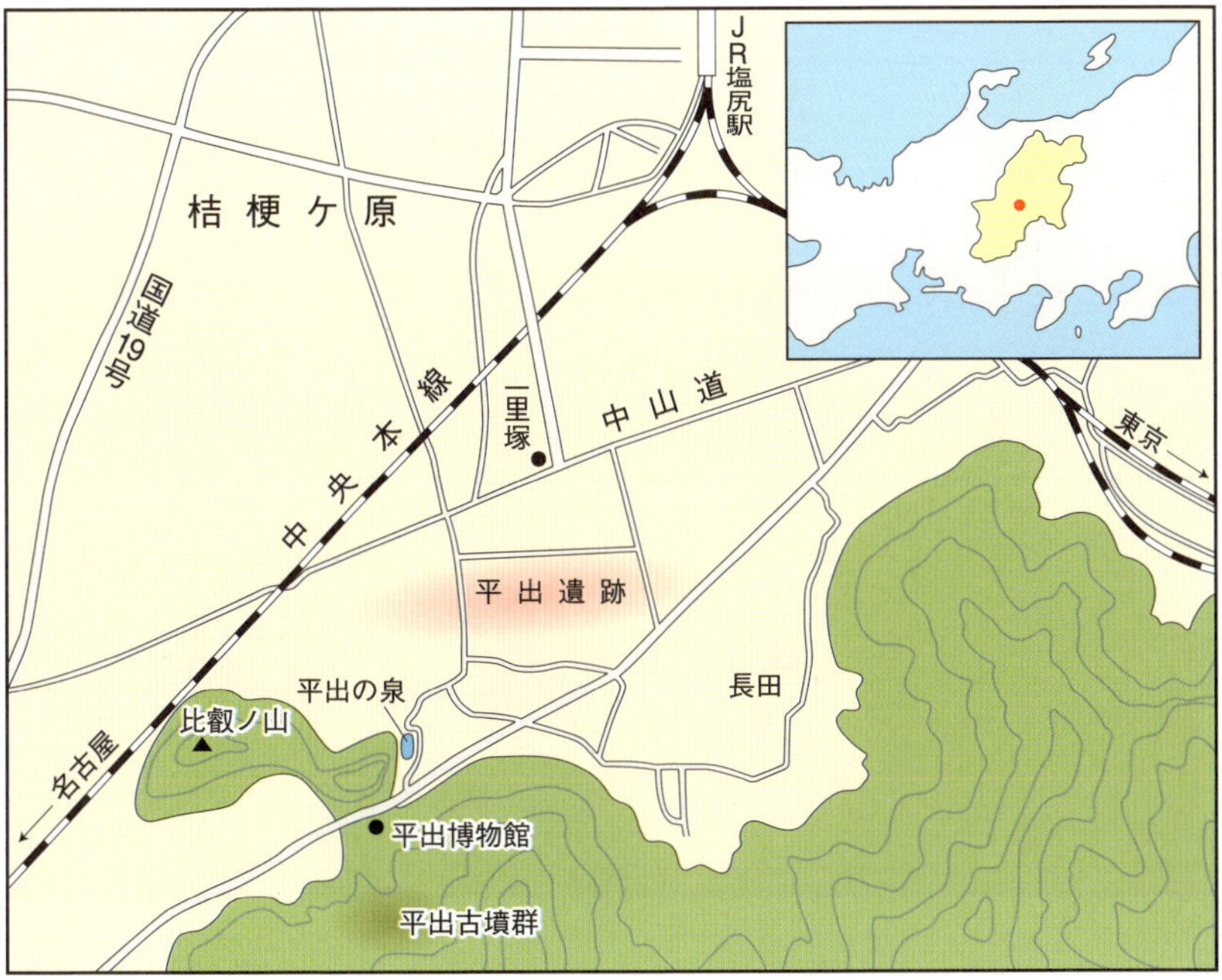

図３ ● 平出遺跡の位置

する。

丸山は、それまで近隣地域の考古学的踏査を精力的におこなっていた。そんな頃、縄文土器編年の基礎資料ともなった加曽利《かそり》貝塚の発掘や敷石《しきいし》住居の新資料を収録した八幡《やわた》一郎の著書『土器・石器』を手にする。昭和初期は、明治・大正期の蒐集趣味的な考古学から脱し、土器編年を基礎とした科学的な考古学の確立期ともいえる時期である。

その中心的な推進役の一人であった八幡一郎の著したこの著書は、丸山の考古学観を一変させた。それまで地表に顔を出している遺物を拾い集めるだけだった丸山にとって、「これこそ発掘考古学だ、これからの考古学はこれでなくては駄目だ」という強烈な衝撃となった。

丸山のクラスから体操や唱歌の授業はなくなり、代わって平出行きが日課となった。この年、新学期に入り、孤軍奮闘を続けていた丸山のもとに強力な助っ人が赴任する。後に『白夜』を主宰し、歌人として大成した宮原茂一《もいち》である。

二人は、「発掘にあらざれば、考古学にあらず」の気概をもって、平出遺跡初の発掘調査に着手することになる。一九三二年の初夏のことである。

発掘場所は、遺跡の中でも西よりの畑地。耕作土を掘り下げていくとやがてローム面に達し、床とおぼしき硬い面があらわれてきた。そこには柱穴《ちゅうけつ》も見つかり、壁と思われる一角には、土師器《はじき》が重なり合って横たわっている竃《かまど》もつきとめることができた。平出遺跡初の住居址の発掘に一同の喜びは大きかった。

こうして、一九三二年から翌三三年にかけての四回にわたる発掘調査によって、縄文時代の住居址一、古代の住居址三が発見され、三〇個体にのぼる土器、五〇点の石器類を得ることができた。なかでも縄文時代の住居から出土した玉髄《ぎょくずい》製の縄文勾玉《まがたま》には大いなる注目が集まった。

この頃、長野県内では、一九二九年（昭和四）には信濃考古学会が組織され、さらにこの会を引き継ぐかたちで一九三六年（昭和一一）には中部考古学会が結成され、旺盛な活動が進められていた。平出遺跡の発掘も、このような考古学的研究の盛り上がりの一環として位置付けられるが、その先駆的業績は高く評価されよう。

失われた記録

「九・二一（金）暴風雨
　校舎倒壊　児童職員避難
　午前八時五分突然風来襲、校舎動揺、壁ニ毀裂アリ南便所棟倒壊
　午前八時半頃ヨリ突然風強襲、南校舎屋根トタンヲ吹キ飛バシ始メ、午前八時五〇分、暴風雨益々強襲、児童恐怖咽泣益々激シ、午前九時数分突然烈風ト共ニ北校舎倒壊、午前十一時四〇分、児童帰宅完了、負傷事故者一名モ無シ」

一九三四年（昭和九）九月二一日に日本列島を襲い、各

図4 ● 丸山通人（左から2人目）
最初の発掘から半世紀たった1984年に撮影。
左端は復元住居を設計した藤島亥治郎。

地に大きな被害を出した室戸台風は、長野県内にも甚大な被害をもたらし、宗賀小学校の校舎を倒壊させた。この学校日誌は、その時の惨状を記録したものである。

丸山通人は、平出を発掘し、得られた出土品や写真、その乾板、見取図などの諸記録を勤務していた宗賀小学校に保管していた。発掘調査も終了し、いよいよ整理と研究にとりかかるという矢先のこの惨事であった。長年にわたり苦心して集められた資料は突然襲った災害によって一瞬の内に失われてしまった。丸山は後に、「私は茫然として立ち尽くした」とその時の気持ちを述懐している。

この台風襲来の翌年、丸山は失意の内に宗賀の地を去った。また、宮原も周辺地域の歴史的研究を続けていたが、一九三九年（昭和一四）には小諸小学校に転任となり、この地を去っていった。現在、平出を含めた桔梗ヶ原のブドウ園の一角に、丸山が中心となって建立された一つの石碑がある。

　黒耀の石のひかりに似ておもふくろき葡萄の房のつめたさ

宮原の短歌が彫られた歌碑である。宮原にはほかにも幾首か考古学に材をとった短歌がある。

　過去がいま掘りいだされて土の上に縄文の土器と石器

　平出遺跡出土の打製石斧《だせいせきふ》一個机上におきしけふの充足

平出最初の発掘の記録は失われてしまったが、この碑は、考古学へ情熱を傾けた若き二人の研究者がここにいたことを、ブドウ園を訪れた人びとに静かに語っている。

二人が去ってから間もなく、暗く長い戦争の時期をむかえることになる。

3　平出の原か、原の平出か

宗賀小学校教員・原嘉藤

長い戦争が終わり、平和がとり戻されてから間もない一九四七年（昭和二二）、義務教育の六・三制が実施になったこの年、一人の教師が宗賀小学校に赴任してきた。後に、平出遺跡の調査と保護の推進者として、「平出の原か、原の平出か」といわれるほどに平出遺跡に惚れ込み、打ち込んだ原嘉藤《かとう》である。この年、原嘉藤は、まだ三六歳という若さであった。

長野県の史学研究は、栗岩英治や一志《いっし》茂樹によってリードされ、雑誌『信濃』を刊行している信濃史学会を中心として進められてきた。

その史学研究は、文献だけに頼らず、地域を踏査し、問題を解釈する歩く歴史学、いわゆる「わらじ史学」を実践し、考古学においても民俗学や人類学をもとり込んだ幅広い研究を提唱していた。原は、この二人の先達の影響を大きく受け、郷土の歴史研究には地理・気候・動植物・産業・歴史・考古など多方面からの総合的な研究が不可欠であるとの考えに達

図5●平出博物館を訪れた皇太子（現天皇）に説明する原嘉藤（1957年）

していた。この多面的な郷土史研究の方法は、後に平出遺跡の総合調査にその考えがとり入れられていくことになる。

戦中の一九四四年（昭和一九）、たびたび長野県に入り調査を続けていた考古学者・大場磐《いわ》雄《お》のもとを原は訪れ、教えを請うている。この原と大場との出会いが戦後、平出遺跡の発掘へとつながる大きな契機となる。しかし、時は敗戦の色濃い戦争末期、世間ではとても歴史研究などといっている状況にはなかった。

そして、終戦。

「学校と地域社会の合作なくしては、真の教育はないという信念をもっていたわたくしは、まず新教育展開の手はじめとして、地域社会の歴史的・社会的研究が必要であると思った。それは、宗賀村の復興や立村計画にも通じるものである」

この文章は、原が後年、地元の新聞の文化欄に当時を述懐して寄稿した文章の一節である。新しい時代の幕開けに、それまで培ってきた歴史研究の方法を新任地の宗賀小学校の地で実践しようとしていたことがわかる。

原の行動はすばやかった。赴任後間もなく、隣町の塩尻中学校に移っていた丸山通人とはかって「史学同好会」を結成し、東筑摩郡内や宗賀村内の調査・研究を開始した。一方、宗賀村でも、宗賀中学校（現塩尻西部中学校）の開校やＰＴＡの前身である宗賀村教育振興会の結成など新教育の事業が着々と進められていた。

この時、原は村当局を口説いて二万円の郷土調査費を村予算に計上してもらうことに成功する。その一部をさいて、村内の考古学的調査を実施するとともに、「史学同好会」との共催で國學院大學の大場磐雄を招聘し指導を得ることにした。戦後の混乱の中で、行動的な原の力が平出遺跡発掘の一点にいよいよ絞られていくことになる。

緑釉水瓶の発見

宗賀村内の地域を巡回し、考古資料の収集に励んでいた原は、平出の川上茂登《しげと》の採集品を見せてもらっていた。

「一年ほど前、裏のりんご畑を一メートルばかり掘ったとき、出てきたものだが」といって、川上は無造作に縁の下に放り捨ててあった緑色の陶器をとり出してきた。

落ち着いた暗緑色、首から肩にかけてのまろやかなふくらみ、その優美な姿。原はそのまま打ち捨てておくのは惜しいと思い、懇願してもらい受け、家に持ち帰った。当時、原は中山道洗馬宿のはずれ、廃寺となった地蔵山新福寺の言成《いいなり》地蔵堂を住居としていた。うっそうとした松や杉の木立の中、ときおりムササビが木々のこずえをわたる言成地蔵堂の薄暗い床の間に据えられたこの水瓶《すいびょう》には、幸子夫人が薪拾いのついでに摘んできた野菊やリンドウの花が活けられることもあった。「主人はひまがあるとこの水瓶をじっとながめ、なでたり、さすったりしていました」と夫人は述懐している。

この水瓶が後に平出遺跡の大発掘の発端であり、導火線となるなどとは、この時、原は夢にも思わなかった。

大場磐雄と予備発掘

一九四七年一一月一五日、原はかねてから計画していた平出の予備的な小発掘を、大場の指導のもとで、史学同好会・宗賀小・中学校共催で実施した。

この小発掘では、住居址の発見こそなかったものの、縄文中期の土器や古代の土師器・須恵《すえ》器《き》などの遺物が出土し、縄文時代から平安時代にかけての複合遺跡であることが確認された。この調査は、考古学的な成果のみならず、地域の人びとに平出遺跡を認識させる機会ともなった。

この調査中、もっとも大きな出来事は、緑釉水瓶《りょくゆうすいびょう》の重要性が大場によって確認され、平出遺跡の大発掘を決意させたことである。

大場は、緑釉水瓶を一瞥してその正体を看破し、どうしてこのような優品がこの平出にあったのか戸惑いつつも、このような遺物を出土する平出遺跡の重要性を痛感する。

「従来、この地方では類を見ない逸品なので、これを出土した遺跡への深い執着となり、私をして遂に本遺跡の本格的調査を思いたたしめるに至った」

大場と緑釉水瓶とのこの衝撃的な出合いが、以後の平出発掘の大きな推進力となっていった。

原と大場に価値を見出された緑釉水瓶は、高さ二三センチ、平安時代、一〇世紀に岐阜県東《とう》濃窯《のうよう》でつくられたといわれている。ラッパ状に開いた口、張りのあるふくよかな胴、肩から斜めにつけられた注口、流れるような深緑の釉薬はまことに美しい。

水瓶は、仏事に浄水を容れた道具といわれている。近時、この種の水瓶はその類例を増しつ

図6 ● 平出遺跡発掘の発端にもなった緑釉水瓶

つあるが、戦後、もっとも早く注目されたのがこの水瓶であり、一九六五年（昭和四〇）には長野県宝に指定されている。現在、平出博物館に展示されているこの緑釉水瓶は、訪れる見学者の感嘆の的となっている。

4 蟻のいたずら

高校生の発掘

戦後、考古学ブームに乗って全国各地の高校に考古学のクラブが誕生した。東筑摩農業高校（後に桔梗ヶ原高校、現在、志学館高校と改名）の「塩尻学生上代文化研究会」もその一つで、塩尻周辺の考古学的調査を進めていた。そんな折、「平出には土器のかけらや矢じりがたくさん出る。きっとそこには遺跡があるにちがいない」と話題になり、秋の収穫が終わった頃、比叡ノ山から中山道にかけての広範囲を表面採集し、予想どおり土器や石鏃、打製石斧など多くの遺物を得ることができた。

幸運なことに、遺物をもっとも多く拾うことができた畑が高校の事務長をしている塩原清明《きよあき》の所有畑であることがわかり、発掘の申出を快く承諾してくれた。

一九四九年（昭和二四）五月一六日、顧問の中野三男《みつお》、太田昭雄助手のもと、原嘉藤・藤森栄一の指導も得て、発掘開始。

発掘調査は、まず、ボーリング棒で地中の様子を探ることからはじまった。この地域では、耕作土（黒土）の下にはローム層が堆積しているため、竪穴《たてあな》住居が遺存している場合は、ローム層への黒土の落ち込み具合によって住居の存在を確認する方法がとられている。ボーリングの結果、ほぼ住居址が埋まっていると推定できる地点が確定できたため、ここを中心にトレンチ（試掘溝）を設定して掘り下げをはじめた。

黒土をとり除いていくと住居址が次第に姿をあらわし、発掘開始から一週間後の二一日には、四・八×四・六メートルの方形の竪穴住居を掘り上げることができた。床は固く踏み固められ、北壁には石で組まれた竈が設けられていた。その一角からは後に大問題を引き起こすことになる縄文中期の台付土器が出土した。また、竈の脇には土師器の壺《つぼ》・甕《かめ》・高坏《たかつき》が入れられていた貯蔵用の穴も発見された。北西隅の床上三〇センチの焼けた大きな砂岩の上からは、長さ一〇センチの子持勾玉《こもちまがたま》も発見され、黒光りしたその奇怪な形は参加者一同を喜ばせた。

字《あざ》名をとって向裏畑《むかいうらばたけ》住居と呼ばれ、後に四二号住居とされたこの住居址は、平出遺跡としては正確な記録が残された最初の住居址となった。発掘調査の方法も十分にはわからなかった高校生がほとんど独力で住居址を掘

図７ ● 塩尻学生上代文化研究会のメンバー
中央の教員が原嘉藤。

り上げ、以後の平出発掘の口火を切ることになったことは大いに評価される。

六月二日、藤森栄一が指導に訪れ、この住居址が縄文時代中期と古墳時代との重複した住居であることを確認した。これで竃脇から出土した縄文中期土器の存在も納得できることになった。

土器の中の種子

さて、この縄文中期の台付土器である。住居の床上に伏せた状態で発見され時、一人の高校生が土器の一部を持ち上げ、「アッ、二〇〇〇年前の種が出てきたぞー」と大声で叫んだ。たちまちみんなが集まってきて土器の中をのぞき込む。なかにはなんと土に混じって、長さ三ミリほどの種子がいっぱい入っていた。

さあ、もう大騒ぎである。住居址の床上に逆さになって出土したこの土器は、どうみても後世、人の手によって動かされた形跡がない。とすれば、この土器の中に入れられていた種子は縄文中期のものとしか考えられない。農業高校の生徒たちのこと、植物の種子にはことのほか関心が高い。さっそく学校に持ち帰り、理科室で土を入れたシャーレに種をまいてみた。すると四、五日して見事に発芽させることに成功した。

「二千年前の種子?　事実なら世界的発見」と新聞の全国版に大きく報道され、平出の縄文種子は大きなセンセイションを巻き起こすことになった。一週間もすると、発芽した種子はメヒシバと判別できるまでに成長した。

この事実に考古学界は当惑を隠せない。八幡一郎は、『人文学舎報』（六月六日付）に「桔梗原農業高等学校生徒が竪穴跡を発掘したところ、土器の内に米・麦等の穀物等があったので、学校で発芽試験をしたところ、みごとに芽が出た由である。九州における麦の発見とともに、陸田問題はいよいよ多事なりというべきである」と感想を記し、さらに六月一八日には、「それらの種子の入った高坏が、炉辺にあった縄文式土器であれば、問題はますます紛糾する」とその事実に当惑気味である。

真相究明

桔梗ヶ原高校では、この発芽種子の真相を究明するため、学内はもとより関係機関に問い合わせをおこなったが明確な回答はもらえなかった。そんな時、顧問の中野のもとに朝日新聞社の松本支局長がたずねて来て、「登呂は毎日新聞が後援したので、この平出遺跡については朝日新聞が後援してもよいが」と援助を申し込んできた。その申し出にそい、中野は東大農学部に発芽種子の鑑定を依頼したが、結果は「簡単に判断することはできないので、今後の研究に待ったほうがよい」というものであった。

藤森栄一が諏訪清陵《せいりょう》高校の千野光茂《みつしげ》校長を同伴して中野のもとを訪れたのは、種子が発芽してからおよそ一月後の七月一一日のこ

図８●種子が入っていた縄文土器

とであった。千野は、京都大学でショウジョウバエの研究により理学博士の学位を授与された生物学者である。二人は、中野の案内で、すでに埋め戻されトウモロコシ畑になっている発掘地に立った。いっとき、千野はトウモロコシ畑に分け入り、間もなく数匹の蟻をつかまえて出てくると、「犯人は、この蟻だよ」と断定した。

　クロナガアリが、せっせと地上から現代の種子を土器の中に運び込んでいたのである。

「なーんだ」、わかってしまえば、お笑い種である。しかし、この事件がきっかけとなって平出遺跡は広く世間一般に知られるようになり、平出遺跡への関心を高めることになった。

　表紙にアリと壺、種の絵を載せた『上代文化研究誌』はガリ版刷りで三六ページの小冊子である。一九五〇年（昭和二五）一月に発行されたこの小冊子には、平出発掘の概要と縄文種子のエピソードが掲載され、高校生がこの遺跡発掘にかけた情熱を今に伝えている。

図9●『上代文化研究誌』と、発掘結果を速報しつづけた『信濃』

　長野県内各地での四〇有余年の教員生活を終え、塩尻市教育委員会の社会教育指導員として勤務することになった青柳光栄と平出遺跡の話をしていた時、青柳がかつて塩尻学生上代文化研究会の部員であったことを知った。青柳は、「教員になってから、子ども達を外に連れ出し、土器を拾うことから歴史の学習を始めた。実物に触れ、人々の生活の様子を自分たちで調べていく中で、昔の人たちの知恵や生きる営みに感動しながら、生きた学習をしていった」と述べ、「高校時代に、平出遺跡の発掘にかかわったことが、教師になってからの学習指導に生きて働いたのである」（『平出博物館紀要』一三）と回顧している。このときの平出遺跡の発掘は、たんに考古学的な成果ばかりではなく、そこに参加した者たちにも大きな影響を与えたのである。

縄文中期農耕論の出発点

縄文種子の思わぬ波紋の一つに、縄文中期農耕論構想のきっかけづくりにも一役かっていた事実がある。戦後、諏訪考古学研究所を設立し、縄文時代の経済的基盤は何であったろうかと思案していた藤森栄一は、狩猟・採集主体ではなく縄文時代にも原始的な農耕があったのではないかとの考えに達し、一九四八年に「原始焼畑陸耕の諸問題」を発表していた。そんな時、藤森は指導に訪れた平出の発掘で、植物の種子がいっぱい詰まった縄文土器に遭遇したのである。このときの衝撃を、著書『考古学とともに』でつぎのように述べている。

「縄文時代の中期に農耕、タネの保存があった。あったとすれば、その作物はなんだ。日本に農耕社会の始まったのは、紀元前一、二世紀の弥生時代からというのは、もう定説である。それをさかのぼる二五世紀。私は夢のような縄文中期農耕の可能性に心のときめきを感じた」

そして、藤森は、縄文時代に農耕があったとの仮説の実証に生涯をかけることになる。その縄文中期農耕論の出発点に平出の向裏畑での体験があったのである。

第2章　発掘と保存にかけた人びと

1　戦後の虚脱から立ち上がった村民

三号住居の調査

こうして平出遺跡の発掘調査を進めていた原嘉藤は、一九四九年、調査の総括のため、最後ともなる発掘調査を計画し、桔梗ヶ原高校の発掘場所の西側にあたる畑を発掘の候補地とした。一一月一七日、宗賀小・中学校、桔梗ヶ原高校の生徒を主力として、大場磐雄や当時木曽西高校の教員であった藤沢宗平《そうへい》の指導をえて発掘を開始した。

まもなく四カ所で住居の遺存が確認され、二六日からはこれらの住居址を完掘するため丸山通人率いる塩尻中学校の生徒も加わり、一〇〇余名の大部隊で調査が続行された。そして、夕暮れまでにほぼ各住居址がその姿をあらわした。

一号から四号と名づけられたこれらの住居址は、ともに方形を呈し、二号を除いて竈が設けられた古代の住居であった。なかでも三号住居は、その特徴的な形状と残りの良さでもっとも実りの多い成果を提供した。

この三号住居は、一辺六メートルの隅丸方形の竪穴住居で、床には四本の柱穴があり、東壁の中央にはほぼ原形をとどめた粘土《ねんど》竈《かまど》が、その左右には貯蔵用と思われる穴が設けられていた。

また、床一面に焼けた板材や角材が散乱し、この住居が火災にあった家であることを示してい

図 10 ● 3 号住居
奥の壁中央に竈が、その両脇に貯蔵用の穴がある。

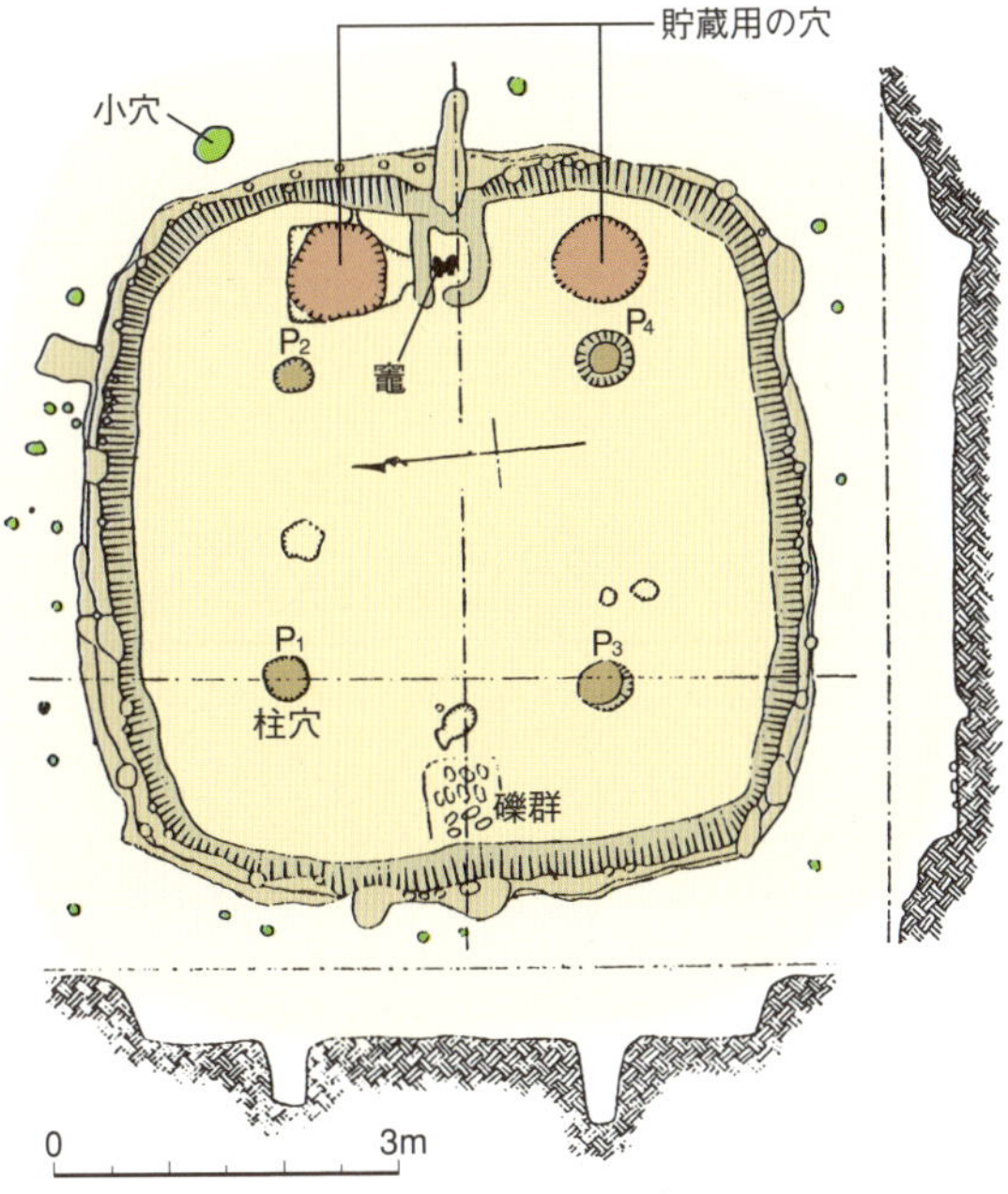

図 11 ● 3 号住居平面図
壁外に特徴的な小穴がめぐっている。

た。竈の前の左右には数個の壺が置かれ、あるものは倒れないように下部を粘土で固定され、調理に使用された状態を良くとどめていた。

そして、この住居をもっとも特徴付けていたのは、竪穴住居の壁から一〇～一五センチほど外側に、直径四～一一センチ、深さ五～四〇センチの小さな穴が二〇カ所めぐっていたことであった。従来、竪穴住居の調査の中でこのような穴が発見されたことはなく、その性格に注意が払われた。

穴は垂直に掘りこまれていた。屋根の垂木尻《たるきじり》を受け止めた穴ならば斜めになるはずであることから、屋根の軒を支えた柱穴であろうと結論づけられた。古墳時代に属するこの三号住居は、後に藤島亥治郎《がいじろう》により復元されることになる（37ページ、図23参照）。

大場の熱意と村長の決断

こうして一一月の発掘調査は大成功のうちに終了となった。大場は、「平出遺跡はまれにみる重要遺跡である」ことを確信した。そして、今後も発掘調査を継続するよう強く望み、一二月一八日には、原とともに、宗賀村役場に花村政温《まさはる》村長や荻上亮信《おぎうえりょうき》村会議長を訪ね、今後の調査継続への協力を求めた。その席上、大場は、

「平出遺跡は、石器時代以来の複合遺跡で、特に原始時代の住居址が多く発見され、これからも続出する可能性があります。今まで同種の遺跡に対する学術的調査は極めて少なく残念に思っていたところです。縄文時代の集落は各地で調査が行われ、特に宮坂英弌《ふさかず》氏の努力に

よって調査されている諏訪郡豊平村の尖石《とがりいし》遺跡は著名です。弥生時代の大集落としては、第一に国の補助によって現在調査中の静岡県登呂《とろ》遺跡があります。今、ここで平出遺跡でこのような大規模な継続的調査が遂行されるならば、前二大遺跡と相並び、原始時代の集落形態が解明でき、ここに古代文化の一貫した変遷が具体例を通して説明可能となります。考古学界のみならず、日本古代史、社会経済史など各方面からもおおいに注目されるものと信じます。それ故、広く識者の関心と援助とを得て、第二次・第三次の調査が是非とも実現されるよう村当局のご理解とご援助を切望してやみません」

と、平出遺跡のもっている歴史的内容のすばらしさ、その調査継続の必要性を訴えた。そして、「縄文の尖石、弥生の登呂、古代の平出」と各時代を代表する三つの遺跡、いわば三大遺跡をめざして、その調査の重要性を強調した。

翌年四月、「念がかなって　この平出の　土器と添い寝がしてみたい」と得意の都々逸《どどいつ》でその思いを色紙に書いて示す大場の熱意にほだされて、花村はついに平出遺跡調査会を設立し、継続的な発掘調査を実施することを決意した。その時の心情を後に花村は、

「当時を顧みて、誠に感無量のものがあります。この調査は、宗賀村という一地方自治体が、自ら多くの費用を投じて、なぜやらなければならなかったかという問題には、当時、若干の意見もありましたが、率直にいって、郷土の知られていない歴史を知ることができ、それが学会のためにもなるなら、結構なことだという意向は、村をあげての願いだったのです」

と語っている。

平出遺跡調査会と村おこし

大場・原の懇願を受けた花村は、村議会とはかり、林虎雄長野県知事等を顧問に、会長に花村村長、調査委員会には大場磐雄委員長、一志茂樹副委員長、原嘉藤・丸山通人を幹事とした平出遺跡調査会を発足させ、村あげて発掘調査を支援・推進することになった。こうして、一九五〇、五一年（昭和二五、二六）にかけて計四次にわたる発掘調査が実施されることになったのである。

昭和二〇年代の宗賀村は、人口五五〇〇人の小村である。この村が約一二五万円という事業費をかけて二カ年計画で発掘に着手したのである。昭和二五年の宗賀村の年間予算は総額九六二万円、このうち教育費が三四〇万円であったことを考えると、海のものとも山のものともわからない発掘調査に一二五万円をかけるということは冒険であったといえる。事実、花村は、「こんな大騒ぎをして会まで作ったが、果たしてこの遺跡がそれ程の価値をもっているのだろうか」と危惧した当時の心境を後に述べている。

花村の心配は発掘が進むにつれて杞憂に帰すことになるが、こうして着手された平出遺跡の発掘調査が、遺跡の国史跡指定、博物館の建設、そして今日進められている史跡公園整備へとつながる大きな事業の発端であったとは、まだ誰も予想だにしていなかったであろう。

昭和二〇年代、宗賀村は全国に先駆けて平出遺跡を仲立ちとして村おこしを実践していったのである。

村民の協力

発掘調査を進めるにあたり村当局の頭を悩ませたのは、調査に携わる調査員や大学生の食事と宿泊の手配であった。まだまだ食料難の時代である。相談をもちかけられた平出区では、協議の結果、これらを区民が分担して奉仕することにした。

大場をはじめ調査員や大学生は、平出分校や公民館、民家に分かれて宿泊することになった。食事は、宗賀村連合青年団が担当することになり、平出分校の炊事場を利用して女性団員が交代で炊き出しをおこなった。食材の野菜や米は、農家の提供を受けることになった。

また、発掘がはじまると、平出分校では連夜にわたって調査員や地域の若者たちが懇親会や発掘調査の学習会を開き、盛り上がりをみせた。

当時の平出区長の区長日誌には、平出発掘の項目が頻繁に登場する。そこには地主との交渉、発掘開始式や講演会の設定、発掘地の埋め戻し作業など、縁の下の力持ち的な役割を果たしていたことがつづられている。

平出遺跡の発掘調査は、このような目には見えない支えがあって大きな成果があげられたことを忘れてはならない。

図12● 発掘を陰から支えた宗賀村連合青年団

2　第一次調査

縄文・古墳・平安の住居址

宗賀村が主体となった第一次調査は、一九五〇年四月五日から一一日までの一週間にわたっておこなわれた。

調査には、國學院大學の助手小出義治《よしはる》、亀井正道《まさみち》、学生の樋口昇一《しょういち》、椎名仙卓《たかのり》、上川名《かみかわな》昭《あきら》、宮坂昭久《あきひさ》などが主力となり、宗賀小・中学校、塩尻中学校、洗馬小学校の生徒・職員、桔梗ヶ原・松本県ヶ丘・諏訪清陵の各高校生、地元の平出区婦人会・青年団が実質的な作業を受けもった。この時の記念写真に写っている、角帽に軍服・ゲートル巻きの参加者の姿に、終戦直後の発掘調査の雰囲気がよく伝えられている。

発掘は、前年一一月の調査地を中心に、A・B二本のトレンチを設定しておこなわれ、縄文中期二、古墳から平安八の住居址を発見した。縄文中期のロ号住居の出入り口と思われる床下に逆さに埋設されていた大形の甕は、その性格付けの解釈を含め、その後の埋甕《うめがめ》研究に大きな

図 13● ゲートルに角帽、第 1 次調査の面々
前列左から：丸山通人、一志茂樹、斎藤忠、大場磐雄
中列右：上川名昭・左：杉勇
後列左から：大森信英、萩原弘道、鵜飼泰勇、宮坂昭久、樋口昇一、椎名仙卓

影響を与えることになる。

また、当時まだ発見例が少なかった古代の住居址は、方形・矩形《くけい》・隅丸《すみまる》方形など大小さまざまな形態があり、地床炉《じしょうろ》・粘土竈《ねんどかまど》・石組竈《いしぐみかまど》など火処《ひどころ》も多岐にわたっており、さながら古代住居の展覧会の観を呈していた。とりわけ、一一号住居は一一×九メートルにも達する最大級の大形住居で、その性格付けにも論がおよび、平出は生半可な遺跡ではないことがあらためて確認されることになった。こうして第一次調査が予想以上の成果を上げて終了した。

総合学術調査への転換

第一次調査の後、八月には県教育委員会から三〇万円の助成が決定し、また大場の発議により組織を再編し、考古学以外の各方面の研究者にも参加してもらい、総合学術調査として調査に遺漏のないよう万全を期すことになった。

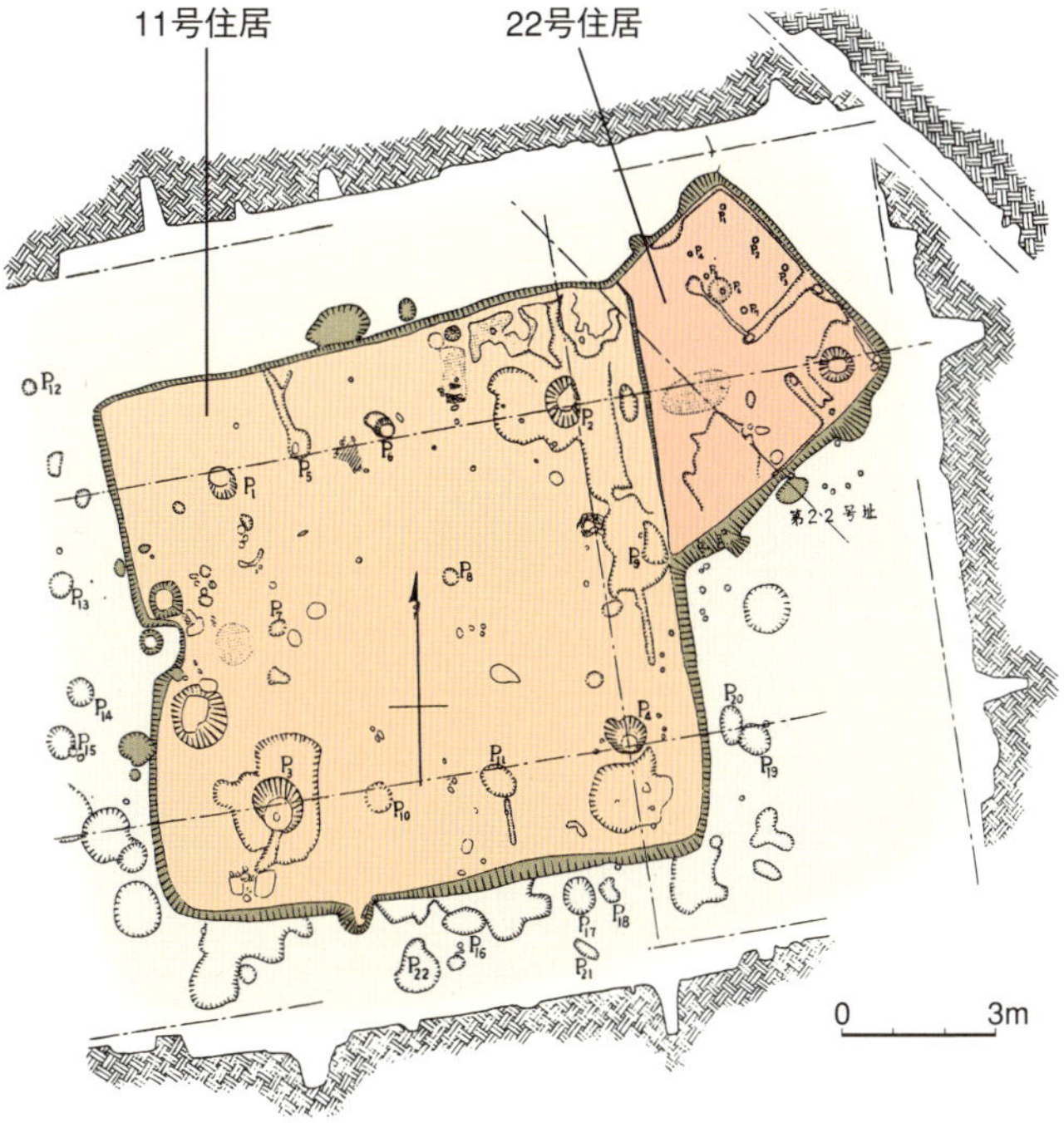

図14 ● 最大級の11号住居と22号住居

多分野の研究者の参加により一つの遺跡を多方面から解明することは、今ではさほどめずらしいことではない。しかし、昭和二〇年代にあっては、登呂遺跡を前例にする程度でほとんど例がない。平出遺跡の総合学術調査への転換は、登呂での総合学術発掘を経験している大場や、「郷土研究を正しい道につかせ得るものは総合研究の方向だ」と考える一志茂樹や原嘉藤の考古学・歴史学研究の理念から導かれている。

調査団は表1のように組織された。各分野とも第一線で活躍しているベストメンバーともいえる研究者が専門委員・調査委員に顔をそろえた。また、その後の考古学研究を中心となって担うことになる多くの大学生・大学院生が調査員として参加している。

こうして、いよいよ総合学術調査として第二次調査が実施されることになった。

表1　平出遺跡調査委員会

委員長	大場磐雄	
副委員長	一志茂樹	
専門委員	考古学班	大場磐雄、駒井和愛（東大教授）、小山富士夫（文部技官）、斎藤忠（同）、樋口清之（國學院大教授）、八幡一郎（東大講師）、山内清男（同）
	地学班	小林国夫（信州大助教授）、多田文夫（東大教授）、中川徳治（國學院大助教授）、井関弘太郎（名古屋大講師）
	古生物班	直良信夫（早稲田大講師）
	建築学班	藤島亥治郎（東大教授）
	社会学・民俗学班	有賀喜左衛門（東京教育大教授）
	歴史学班	一志茂樹、坂本太郎（東大教授）
調査委員	考古学班	亀井正道（國學院大文学部助手）、小出義治（同嘱託）、佐野大和（同図書館司書）、桜井清彦（早稲田大文学部助手）、玉口時雄（同）、永峯光一（長野県埋蔵文化財臨時調査員）、中川成夫（東大文学部助手）、原嘉藤（宗賀小学校教諭）、藤沢宗平（長野県埋蔵文化財臨時調査委員）、宮坂英弌（長野県文化財専門委員）
	建築学班	稲垣栄三（東京都立大助手）、田中稔（東北大農学部助手）
	社会学・民俗学班	鈴木正彦（和洋女子大助教授）、林陸朗（國學院大文学部助手）
	歴史学班	市村咸人（下伊那郡誌編纂主任）、関晃（山梨大助教授）

（職名は当時のもの）

＊調査員には、上川名昭、椎名仙卓、樋口昇一、宮坂昭久、沼倉裕、石部正志、下津谷達男、河西清光、桐原健、麻生優、大川清、久保哲三、川村喜一など、國學院・東京・早稲田・法政などの各大学生があたった。

3　第二次調査

古代の平出集落の構成

再編成された調査団による第二次調査は、一九五〇年一〇月二九日に開始され、一一月一四日まで続けられた。発掘は、遺跡中央から西側にかけてB～Hトレンチを設け進められた。縄文がハ・ニの二軒、後に敷石住居と確認されることになる配石址一、古墳～平安が一二～二三号の一二軒の住居址が新たに発見された。

この中で、大場の関心をとくにひいたのは、発見された古代の住居址が、風向・日照などから同時代の住居は配列が共通すること、炉と竈や柱穴などの内部構造のあり方に差があること、住居址間の重複関係があり、前期・中期・後期の三期に年代区分が可能であることであった。

第二次調査を速報した『信濃』（三―二・三）の「平出遺跡発掘特集号」で、大場は、「当代文化の一断面」の章をもうけ、古代の平出集落の構成に考えを及ぼして

図15 ● 平出遺跡調査委員会
前列中央：三笠宮、その右：大場磐雄、一志茂樹、左：石川学長、花村政温、有賀喜左衛門
中列左より八幡一郎、駒井和愛、玉口時雄、山内清男、佐野大和、斎藤忠、中川徳治、林陸朗、松前健
後列左より樋口清之、中川成夫、桜井清彦、原嘉藤、亀井正道、小出義治、永峯光一

いる。そこには、平出遺跡は東西一キロメートルもの広範囲にわたって集落が展開し、南の山懐には長田の水田が、集落周辺には陸田の耕作地帯があり、泉の神や比叡ノ山での山の神などの神祭りがおこなわれたと想定し、そして、関係する人びとが崇賀部《そがべ》を称したグループではないかとの推測にまで論をおよぼしている。そして、附編として、東日本の古代竪穴住居址地名表を掲載し、平出発見の住居址を全国的な観点から評価している。

このような平出遺跡を集落という観点から考える大場の姿勢に対し、一九四九年の『日本考古学年報』に「古墳文化」を執筆した後藤守一は、つぎのように今後の調査の進展に期待を寄せた。

「大場磐雄君が主となっている長野県平出遺跡は、やはり住居址のあるところであり、ようやくその調査が本格的になり始めたときであるから、それについての批判なり讃辞は、これ

図 16 ● 縄文時代中期の八号住居

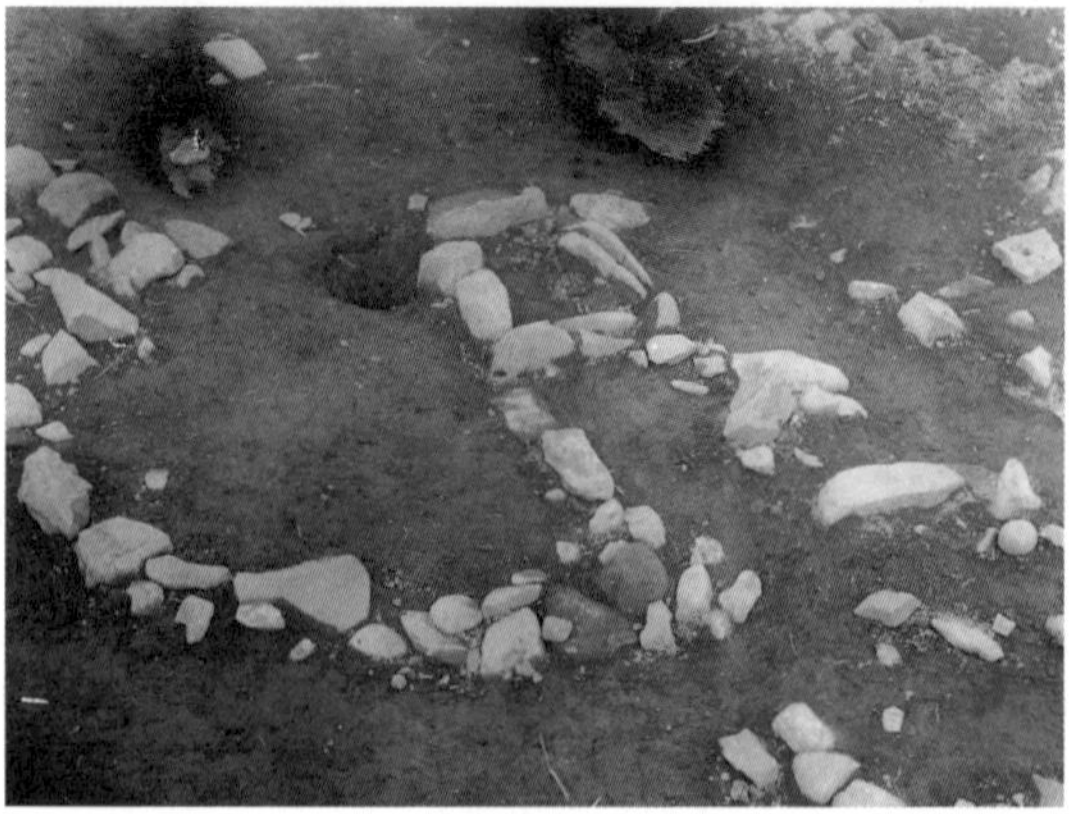
図 17 ● のちに敷石住居と再確認された配石址

が一段落ついたときにおこなうべきである。しかし、ここで一つの希望を述べれば、集落の形態をあきらかにすることに努力されるということである。どうかこれをなしとげて、日本における住居址研究はかくあるべしと、叫んでいただきたい」

総合学術調査の成果

総合学術調査として再出発した今次調査では、考古学分野以外の各専門委員もぞくぞく平出を訪れ、調査をおこなった。

そして一一月六日には各専門委員の発表会が開かれ、水田可耕地や家族制度、住居復元、交通史、郷土史など多方面の調査結果が報告され、夜のふけるのも忘れ研究が続けられた。この日は、雨の中、大形の一一号住居で花村会長や専門委員の談話がＮＨＫ松本放送局によって録音され、県下に放送された。当時とし

図18 ● 古墳時代の13号住居
奥の壁中央に竈と煙道が見える。

図19 ● 17号住居から出土した鉄製の鎌

ては非常にめずらしいことであったため、遺跡周辺は多くの見学者でにぎわった。

総合学術調査終了のわずか三カ月後には、『信濃』（三―一）で特集号が組まれ、考古学からのみではなく、あらゆる方面から遺跡を解明し、平出遺跡と現在とのかかわりにまで論及した多くの論考が広く一般に公表された。

長田および現平出集落付近の窪地が当時の水田地帯と推定する井関弘太郎の「平出遺跡の微地形学的立地環境（予報）」、三号、一一号や二二号住居の復元原案を考証した藤島亥治郎の「平出住居址の復原的考察」、平出発掘の端緒の一つとなった緑釉水瓶を全国の出土例の中に位置付けた小山富士夫の「平出遺跡出土の緑釉水瓶」、直良《なおら》信夫の「平出遺跡出土の自然遺物（予報）」、有賀《あるが》喜左衛門の「古代集落雑感」、小林国夫の「文化遺産の磁気年代学的研究」、斎藤忠《ただし》の「原始的集落址研究の諸問題」、樋口清之《きよゆき》の「平出と伊場」、一志茂樹の「平出遺跡周辺の史的考察」などである。

また調査期間中の一一月四日の宗賀村文化祭には、出土品や発掘成果が展示され、県内各地から一〇〇〇人をこえる見学者があった。さらに翌一九五一年二月二九日には、朝日新聞東京本社講堂で、大場「平出遺跡の考古学的考察」、有賀「平出の古代集落について」、藤島「平出

図20●雨の中、多くの人が集まった、NHKのラジオ中継

遺跡住居址の復原的考察」の講演会が開催された。

こうした一連の広報活動は、平出遺跡発掘の意義や重要性を広く一般に知らしめることになり、一月には東京長野県人会でもこの事業を後援するため平出遺跡調査会後援会が結成されることとなった。

一宗賀村の事業としてはじめられた平出遺跡の調査は、こうして長野県内はもとより、その反響は全国へとひろがり、その関心度は大きな高まりを見せることになった。

4　第三次調査

集落分布の変遷

第二次調査終了後、ただちに東京で第三次調査のための調査委員会がもたれ、文部省科学研究費交付金三五万円の決定をえて、一九五一年四月一〇日から一週間の予定で調査に入ることが決定した。

第三次調査は、遺跡中央部にI～Mの五本のトレンチが設定された。四月中旬だというのに二日間も雪のために無為に過ごさざるをえなかったが、それでも二五～二七号、ホ・ヘ・ト・チ・リの計一〇軒の住居址が発見された。発見された二五～二七号住居は、いずれも竈が東北隅にかたよってつくられ、灰釉陶器《かいゆうとうき》が出土することから、平出発見の古代住居の中ではもっとも新しい平安時代の時期に属するものとされた。

そして、この時期の住居址の分布が中央部に集中していることから、古代の平出では、当初は遺跡の中・西部に営まれていた集落が、後には東方に移動したのではないかとの推定を可能とした。

また、縄文中期の住居址が集中して発見されたことも新しい知見で、この中央部に縄文集落の一つの拠点があったことをうかがわせた。

この時に予測された古代集落や縄文集落の時期差による分布の変遷は、後の調査によって跡付けられることになる。

考古学以外の調査では、歴史班（坂本・一志）が洗馬・本山・奈良井などの史的環境調査を、社会学・民俗学班（有賀・林・鈴木）が平出の社会学調査のための個別訪問を実施し、古生物班（直良）が発掘出土品や周辺鍾乳洞内の生物遺体の調査を、また、地学班（小林）が残存磁気測定による年代研究などの調査を進めた。

図 21 ● 2002 年に 50 年ぶりに再発掘された住居址
ホ号（奥右）、リ号（奥左）、J39 号（手前）

図 22 ● 竈が隅に設けられた 27 号住居

全国初の竪穴住居の復元

この調査期間中、かねてから懸案であった三号住居が、藤島の設計によって復元された。古代のものとしては全国初の竪穴住居の復元であり、地面から離れた軒をもつその特徴的な姿は、以後、平出を象徴する存在として広く知られることになる。

今回の調査結果も『信濃』（三―七）に調査概要が速報され、また平出分校や塩尻町公民館などでも逸早く中間報告がなされた。とくに信濃毎日新聞社主催の塩尻町での、大場・藤島・一志による講演会には、七〇〇名もの聴衆が参加し、平出の調査にたいする関心の高さと期待の大きさをうかがわせた。

そして、以前から話題となっていた平出遺跡調査後援会が、九月七日、東京丸の内の東洋軒において東京長野県人会連合会長の中央大学総長加藤正治を会長に、副会長に衆議院事務総長大池真を選出して結成され、調査事業をさまざまな面で支援することになった。

図23 ● 3号復元住居
藤島亥治郎が設計した、地面から離れた軒をもつ特徴的な古代住居。

5　第四次調査

つぎつぎに完掘された住居址

こうして進められた発掘調査は、一九五一年一〇月の第四次調査をもって一応の締めくくりとすることとなった。そのため、予算・人員・技術面とも最大限の能力を結集して調査にあたることになった。

専門委員は、大場以下、考古・建築・社会・民俗・古生物・地学・歴史学の一一名が集合した。実質の発掘作業は宗賀小学校、宗賀・塩尻・洗馬・筑摩地・丘の各中学校、桔梗ヶ原・松本深志《ふかし》・蟻ヶ崎《ありがさき》各高校の児童・生徒、そして、宗賀村連合青年団・東筑摩郡・筑南連合青年団があたり、その数はのべ四五〇〇人に達した。

一〇月二九日から二〇日間にわたる長期発掘は、連日一五〇〜三〇〇名もの人員で、東西八〇〇メートル、南北三〇〇メートルの広範囲にわたってくりひろげられた。調査本部は、復元なった三号住居前に設営され、広範囲の現場につぎつぎと指示がとばされた。

二九日の早朝、発掘場所に到着した大場委員長の総指揮のもと、遺跡範囲をほぼカバーできるようにNからVのトレンチが設けられ、トレンチ内の耕作土をとり除いていくと、早くも発掘初日から住居址の

図24 ● 大勢の小中学生が協力した第4次調査

存在を予測させる黒土層の落ち込みが各所で見つかりはじめた。そして、三〇、三一、一一月一日と日を重ねるにしたがい、つぎつぎと住居址が完掘されていった。

遺跡の西部地域に設定されたNトレンチでは、一辺八・八メートルの隅丸方形の大きな三三号住居、籾・栗・ハシバミなどの炭化物を多く出土した三一号住居、刃物による裁断面を残し、垂木・小舞《こまい》の組み合わせがそのまま炭化材として残されていた三〇号住居など、古代の焼失家屋五軒が集中して発見された。

中央部にはOからUまでのトレンチが入れられ、縄文中期六、古代一二の計一八軒の住居が密集して発見され、遺跡の中心地域であることを示す結果となった。

縄文時代のル号住居では、床上一〇~二〇センチの厚さで炭化材が重なり合って散在し、東南隅には長さ一メートル、幅三〇センチの板材が残されていた。磨製石斧によっ

図25 ● 古代の焼失家屋、30号住居から出土した炭化材

図26 ● 縄文時代のル号住居
右手の壁ぎわに炭化材が見える。

て、径五〇センチ以上にもおよぶ木材を裂き割り、割板材をえる縄文人の技術の高さに調査員一同、驚嘆し、深い感動をもった。

また、ヲ号、ワ号住居では、床から二〇～三〇センチ上がったところから大量の完形・半完形の土器が遺棄された状態で発見され、この特異な状態に注意が払われた。後に縄文人の生活復元に一石を投じる、縄文文化研究の重要課題として発展していくことになる。

火災にあった住居址

古代の住居址では、一辺五メートル、中央やや西よりに炉を設けた方形の四三号住居が注目された。火災にあったこの住居では、西壁寄りに炭化木材や茅・焼土が堆積し、この周辺を中心として土師器高坏一一、小形丸底坩《かん》八が出土し、炉脇には鉄製鋤頭《すきがしら》が横たわっていた。炭化したコメ・ムギ・ソラマメ・サンショウは、壁際に沿った焼土の中から見つかった。

平出では、今回の調査を含め縄文時代にしても古代にしても、火災にあった住居址の発見例が多い。調査者の大場は火災住居についての感慨をつぎのように書きとめている。

「平出付近は、冬期西北即ち木曽谷から吹きつける寒風が相当劇しいとのことであり、厳冬の寒風は頗る身に沁みたことであろう。こんな際、炉や竈の不始末から火災を発したのが今度発見した焼材出土の家ではあるまいか。私がこんな推定を行った根拠は、第四三号住居址出土の植物遺体からである。ここでは各種の栽培植物や自然植物の種子が発見された。その中に米・大麦があり、栗や鬼胡桃が認められた。それ等の収穫を経た、晩秋も過ぎた冬の寒

戸沢充則 著

考古地域史論
——地域の遺跡・遺物から歴史を描く

狩猟とともに落葉広葉樹林が与える植物性食物の積極的な利用によって八ヶ岳山麓に栄えた「井戸尻文化」、海の幸を媒介として広大な関東南部の土地を開拓した人びとによって生みだされた「貝塚文化」等の叙述をとおして、今後の考古学の可能性を追究する。

ISBN4-7877-0315-3

四六判上製／288頁／定価2500円＋税

戸沢充則 著

考古学のこころ

旧石器発掘捏造事件の真相究明に尽力した著者がその経過と心情を語り、自らの旧石器研究の検証するとともに、学問の道を導いてくれた藤森栄一、宮坂英弌、八幡一郎、杉原荘介ら先人達の考古学への情熱と研究手法を振り返り、考古学のこころの復権を熱く訴える。

ISBN4-7877-0304-8

四六判上製／240頁／定価1700円＋税

戸沢充則 編著

縄文人の時代 増補

相次ぐ大型縄文遺構の発見で見直されてきた縄文社会の姿を、発掘研究の第一線で活躍する研究者が明らかにする。縄文人の環境問題／縄文人の生活技術／縄文人の食料／縄文人の資源獲得／縄文人の集落関係／縄文人の社会交流／縄文人の生と死／縄文人の心性ほか。

ISBN4-7877-0202-5

A5判／296頁／定価2500円＋税

勅使河原彰、保江 共著

武蔵野の遺跡を歩く

都心編 ISBN4-7877-0215-7

郊外編 ISBN4-7877-0208-4

遺跡や博物館を見学しながら散策する「日曜考古学散歩」ガイドブック。武蔵野に生まれ育ち、いまも自然環境保護に携わる著者が詳細な地図と豊富な写真で、身近な遺跡を紹介。
都心編：江戸城／飛鳥山／谷中／石神井他
郊外編：深大寺／野川／武蔵国分寺／谷保他

A5判／184・176頁／定価各1800円＋税

片岡正人 著

現場取材、信濃の古代遺跡は語る

信濃は縄文中期に最盛期を迎えさまざまな文化を開花させた遺跡の宝庫である。発掘に携わった人々や研究者を尋ねてインタビューし、長野県内の72遺跡を豊富な写真と記者ならではの自由な発想と解釈で紹介。道案内付きで、遺跡めぐりのガイドブックとしても最適。

ISBN4-7877-9610-0

A5判／256頁／定価2500円＋税

6月刊行予定

007 豊饒の海の縄文文化・曽畑貝塚

木﨑康弘（熊本県立装飾古墳館）

干潟が育む豊富な魚介類を糧に九州・有明海沿岸には多くの貝塚がつくられた。その中心遺跡・曽畑貝塚から、朝鮮半島・九州・沖縄にひろがる海の縄文文化を語る。

続刊遺跡リスト ＊遺跡は南より北へ並べてあります。刊行順ではありません

首里城（當眞嗣一）
●よみがえる琉球王朝の世界

沖ノ島（弓場紀知）
●古代祭儀とシルクロードの終着地

王塚古墳（柳澤一男）
●描かれた黄泉の世界を読み解く

石見銀山（遠藤浩巳）
●往時の面影残る町並みと鉱山

加茂岩倉遺跡（田中義昭）
●古代出雲の原像をさぐる

池上曽根遺跡（秋山浩三）
●弥生の実年代と都市論のゆくえ

狭山池遺跡（工楽善通）
●千四百年使われてきた土木遺産

雪野山古墳（佐々木憲一）
●未盗掘石室から発掘されたものは

飛鳥池（松村恵司）
●富本銭の出土した飛鳥の工房

一乗谷（小野正敏）
●地中から掘り出された戦国城下町

鷹山遺跡群（大竹憲昭・幸恵）
●縄文黒燿石鉱山

矢出川遺跡（堤　隆）
●細石刃の狩人を追う

野尻湖立が鼻遺跡（中村由克）
●旧石器文化の移り変わり

見高段間遺跡（池谷信之）
●神津島黒燿石の陸揚げ地の盛衰

大塚遺跡（小宮恒雄）
●弥生環濠集落の全貌を解明

加賀屋敷（追川吉生）
●発掘された加賀百万石江戸屋敷

弥生町遺跡（石川日出志）
●弥生時代研究の原点を再考する

岩宿遺跡（小菅将夫）
●よみがえる岩宿文化

多賀城（桑原滋郎）
●多賀「柵」と「城」の実態に迫る

平泉（本澤慎輔）
●中世都市平泉の復元

御所野遺跡（高田和徳）
●縄文の大規模集落

大湯環状列石（秋元信夫）
●ストーンサークルとは何か

白滝遺跡（木村英明）
●北の黒燿石の道をたどる

＊都合により遺跡の変更があることを、予めご了承ください。

好評既刊（2004年5月現在）

001 北辺の海の民・モヨロ貝塚

米村　衛（網走郷土博物館）

6世紀、オホーツク海沿岸に、北の大陸からやって来たオホーツク文化人が花開かせた独自の文化を「モヨロ貝塚」から明らかかする。

002 天下布武の城・安土城

木戸雅寿（滋賀県文化財保護協会）

織田信長が建てた特異な城として、いくたの映画・TVドラマで描かれてきた安土城の真実の姿を、考古学的調査から明らかにする。

003 古墳時代の地域社会復元・三ツ寺Ｉ遺跡

若狭　徹（群馬町教育委員会）

群馬県南西部に残されていた首長の館跡や古墳、水田経営の跡、渡来人の遺物などから、5世紀の地域社会の全体像を復元する。

004 原始集落の復原する・尖石遺跡

勅使河原彰（文化財保存全国協議会）

八ヶ岳西南麓に栄えた縄文集落の解明、そして遺跡の保存へと、みずからの生涯を賭けた地元の研究者・宮坂英弌の軌跡をたどる。

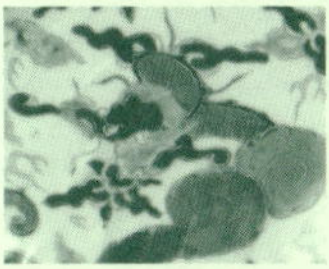

005 世界をリードした磁器窯・肥前窯

大橋康二（九州陶磁文化館）

17世紀後半、肥前（有田）磁器は遠くヨーロッパに流通した。それはなぜか？ 考古学的調査から肥前窯の技術・生産・流通を紹介する。

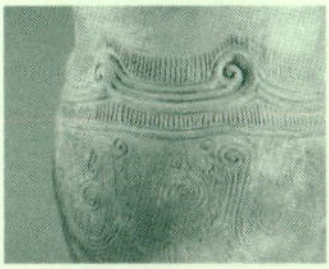

006 五千年におよぶムラ・平出遺跡

小林康男（平出博物館）

縄文から現代まで連綿と人びとの暮らしが営まれてきた平出の地。縄文・古墳・平安の集落を復元し、人びとの生活ぶりを描く。

い日、炉辺で栗を焼いてたべたりしたたのしい団欒を、一瞬にして消し去った不意の火災を、私はここで想像したいのである」(『信濃』四—二)

縄文人にしろ古代人にしろ、火災に遭遇した時の悲嘆は、現代の私たちのそれと等しい。その不慮の災難が、彼らの生活実態を明らかにするまたとない機会を提供してくれるというのも皮肉なことである。

図27 ● 43号住居では土器がそのまま残されていた

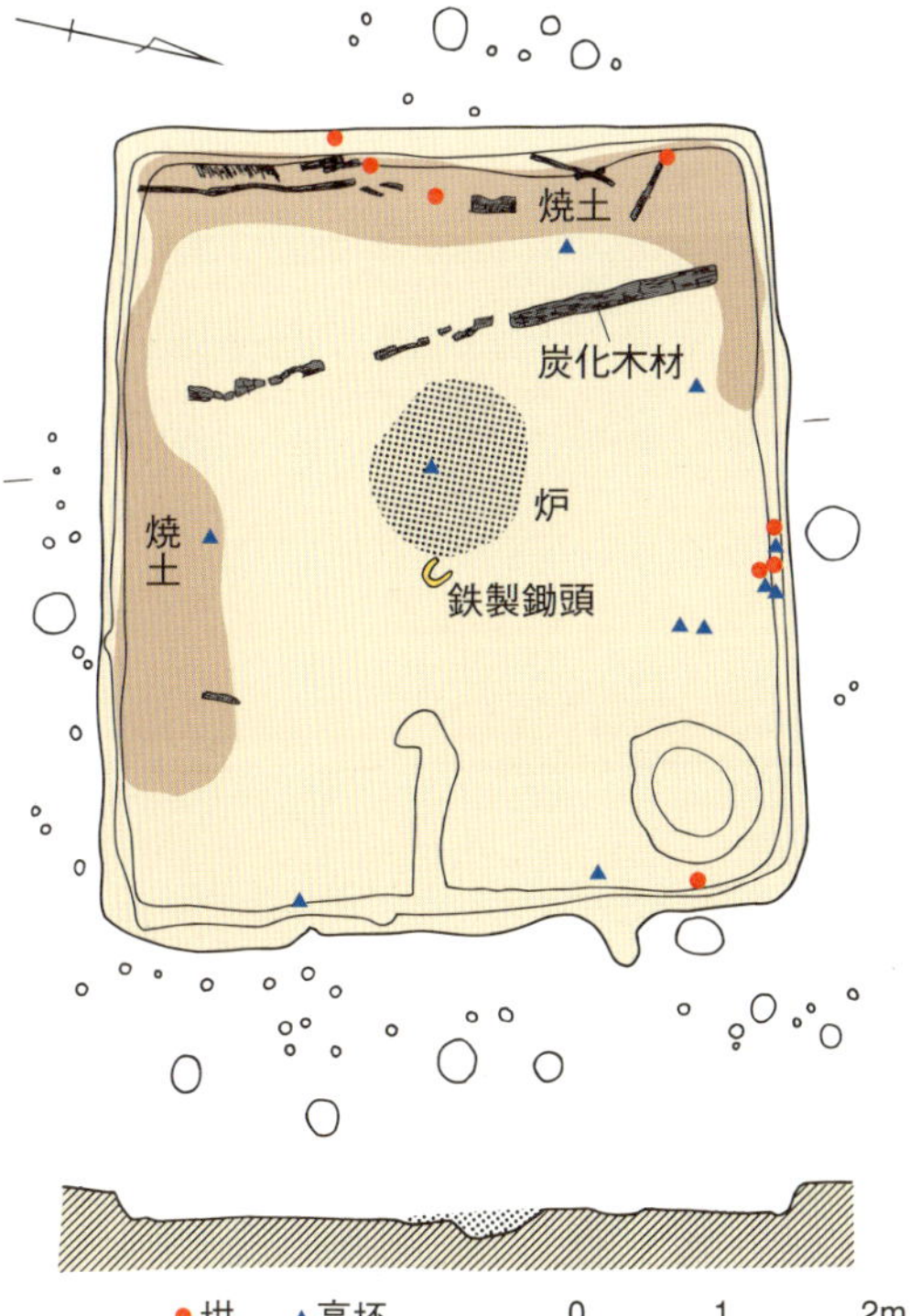

図28 ● 古代人の生活がうかがえる43号住居

掘立柱建物址

さて、遺跡の東部地域にはSからVの三本のトレンチが入れられた。この中のTトレンチから、それまで平出遺跡では発見例がなかった掘立柱建物址が三棟発見された。一号は一辺約四メートル（三間×三間）の側柱建物、二号は六・六メートル×五・四メートル（三間×四間）の総柱建物、三号は五・七五メートル×七・五メートル（三間×四間）の総柱建物で、二号・三号は棟持柱の柱穴も発見された。

大場は、これらは平安時代前半のもので、古代平出集落の東端にあり、ともに倉庫として機能していたものではないかと推定した。しかし、その後の発掘調査で、他の地域からも掘立柱建物址の発見があり、時代も平安時代には限らないとの考察も提出されている。その性格付けは慎重を期すべき状況となっている。

こうして第四次の発掘調査は、遺跡のおおよその範囲の確定、縄文・古墳・平安の各時代の

図29 ● 2号、3号掘立柱建物

図30 ● 2号掘立柱建物を復元した高倉

三一軒におよぶ住居址、三棟の掘立柱建物址の検出、多量の遺物類を得て、第Ⅰ期の発掘調査の最後を飾るに相応しい多くの成果をあげ、一一月一七日、すべての作業を終了した。最後まで残って作業を続けていた椎名仙卓は、原に見送られて遺跡を去った。

三笠宮の訪問

第四次調査中の一一月七日には、オリエント考古学者としても名高い三笠宮崇仁《みかさのみやたかひと》が、発掘現場を訪れた。翌八日には、宗賀中学校での報告会に出席され、平出遺跡のわが国上代史研究上における重要性やこれからの日本歴史の研究の目指すもの等について一三分間にわたり講演され、参集者一同に深い感銘を与えた。そして、一志の請いを受けて、『信濃』の「平出遺跡発掘特集号」に一文を寄せられた。そこには、発掘地を提供している地主へのねぎらいの言葉とともにつぎのような所感を述べておられる。

「従来の日本史の研究が主として社会の上層部から見た資料に基づいていたので、眼光がなかなか下層にまで徹しなかったうらみがありましたが、最近は逆にしたから眺める歴史研究法があらわれてきたことであります。物はすべて四方から眺めねば正しい認識はできません。上からも、下からも、右からも、左からも、前

図31 ● 小学生に声をかける三笠宮

からも、後ろからも熟視してはじめて正しい歴史的事実が発見されるのであります。もうひとつは考古学的発掘が盛んになってそれが日本古代史研究上大いに活用され出していることであります。平出遺跡はまさにこの双方の要求を満足させ得るところに大きな意味があります」(『信濃』四—二)

この言葉は、発掘に携わっている関係者やそれを支えた地域の人びとに大きな励ましとなった。三笠宮のこうした励ましに花村村長は『宗賀村公民館報』に、発掘の意義や関係者への感謝の言葉をつぎのように残している。

「この発掘の基盤であった地主の各位、又発掘に直接に携はる人々の日頃の理解と努力に対し(三笠宮様の)感謝の御言葉に接しました事は、今回の御視察を通じて私達にとってこの上もない光栄と存じて居ります。この仕事が再建日本の進展の上に、又世界文化の推進に如何に尊いものであり必要な事項を産み出す仕事であることを更に強く覚悟するとともに今日迄色々と御骨折りを煩した学者の各位や協力せられた村の関係者の御苦労を感謝してやみません」

6 遺跡の保存・活用にむけて

国史跡の指定

さて、こうした発掘調査が進められる中で、遺跡の保存・活用にむけての活動もおこなわれた。まず、一九五〇年の第一次調査の際、四月五日に開催された「村の歴史をたづねて」の座談会の席上、斎藤忠文部省技官は、「日本では、まだ本格的に報告されていない重大遺跡ですから直に文部省史跡予定地とし、完全調査の結果、本指定にし国家と皆様との協力で保護していきたいと思ひます」と発言し、原嘉藤は、宗賀村当局を動かし、長野県教育委員会に「史跡指定願」を提出した。原の手になる指定願には、つぎのように申請理由が記されている。

「本遺跡は日本に調査例の稀な奈良時代を中心とする土師器時代の大集落遺跡で、今まで不明であった古代常民史の研究上にもっとも大切な重要資料であることは、第一次調査以来中央学会にも認められるに至り、一方、郷土歴史研究上からも古代郷村の実態、古代文化史、古代社会史研究上、今までに無い貴重な資料を提供し、第一級の重要遺跡地であることは学会ひとしく認めるところである」

この申請を受け、翌一九五一年八月の長野県史跡名勝天然記念物調査委員会において史跡の仮指定に推薦され、そして、一九五二年（昭和二七）三月二九日、文化財保護委員会は、一〇四筆、一五町一反一〇歩を国史跡に指定した。現在、史跡公園の一角には文化財保護委員会による御影石の「史跡平出遺跡」の記念碑が建てられている。

平出博物館の建設

平出遺跡で発掘された土器・石器・鉄器などの資料は膨大な量であった。宗賀村ではひとまず宗賀小学校平出分校の一室に保管し、その一部を見学者に公開していた。遺跡に復元された三号住居も話題を呼び、見学者は年間四万人を超えるにいたった。

この事態に、宗賀村では、資料の完全保存と公開・活用を目的とした博物館建設の機運が盛り上がってきた。おりしも三笠宮からは建設資金として金一封を賜り、一九五三年（昭和二八）にいたって、文化財保護委員会から博物館建設国庫補助制度施行の第一号として平出遺跡考古博物館建設に八〇万円の補助金が決定したとの連絡が入った。

一九五一年から文化財保護委員会に働きかけをしていた原の陳情書が残されている。

「終戦後混迷している我国の真の歴史を実証し、又主権在民の時代に移行した今日、空白となっている名のない民の歴史を知り、我等庶民階級をして祖先の薫り高い芸術に目の当り接っせしめ、又農耕文化を進めた苦心の跡を思い出させますことは民族精神を昂揚する所以であると信じ、今後における日本文化建設の指標となるべき重要な問題を含むものと思考する」

この終戦からまだ間もない時期に草された文言からは、社会や学界から高い評価を得、熱い視線をあびた平出遺跡を発信基地として、一地方の小村である宗賀村から新しい日本をつくるんだという気概に溢れた高邁な理念がうたわれている。

こうした中で、三笠宮を名誉顧問に、また、林虎雄県知事等を顧問とした建設委員会が組織

図32●平出古墳群に隣接した林の中にたたずむ平出博物館

された。委員会では、県下の小・中学生や一般の人びとに呼びかけ募金活動を展開した。こうして集まった募金や補助金、村費等三五七万円の費用を投じて建設された平出遺跡考古博物館は、一九五四年（昭和二九）一一月に竣工した。

博物館にはその後、歴史民俗資料館・瓦塔館が併設され、平出遺跡の出土品ばかりでなく、塩尻市内の多くの遺跡から発見された考古資料が展示されている。松林にかこまれ、平出古墳群に隣接した静かな環境の中にたたずむ博物館には、四季をつうじ多くの見学者が訪れている。

報告書の刊行

平出遺跡の発掘調査状況については、調査終了後に報告会が開催され、また概要が『信濃』誌上に報告されてきたが、正式報告書は、一九五五年（昭和三〇）、本文五四一ページ、写真図版九五ページの大冊『平出―長野県宗賀村古代集落遺跡の総合研究―』として朝日新聞社から刊行された。執筆者は、調査委員を中心とした一九名があたり、大場・八幡・小山らによる発掘遺構や出土遺物の考古学的研究はいうにおよばず、井関・小林の地学的研究、直良の自然遺物の考察、藤島の建築址の復元的考察、有賀・林・鈴木による江戸および現代の平出の戸口・産業・自治制度など社会・民俗的研究、そして、坂本・一志による全国的あるい

図33 ● 報告書『平出』の出版報告会

は地域的にみた平出の歴史的考察が収録された。まさに平出遺跡を中心として、この地域を総合的に研究するという当初の目的にそった成果をあますところなく盛り込んだ、それまでの発掘調査報告書には類を見ない出色の報告書となった。

今あらためてこの報告書を開くと、半世紀前に平出の調査にとりくんだ研究者、それを支えた宗賀村やその関係者の意気込みと努力に深い感銘を受ける。この膨大な成果の上に、平出遺跡の保護と活用という問題がつぎに課せられることになる。

7　二五年ぶりの発掘

範囲確認の調査

昭和二〇年代の大発掘から四半世紀、一九七〇年代になると、平出遺跡をめぐる状況は大きく変貌する。調査の主体となった宗賀村は、一九五九年（昭和三四）に近隣町村と合併して塩尻市となり、平出遺跡の保護・保存は塩尻市に託されることになった。

塩尻市は、一九七七年（昭和五二）に「平出遺跡保存管理計画」を策定し、指定地の公有化といまだ不明確な遺跡の範囲確認調査の必要性を指摘した。この計画にしたがい、原を団長とする調査団を組織、一九七九年から三カ年で遺跡の範囲確定のための発掘調査を実施した。

史跡指定地の東・北・西の各地域に入れられた二一五グリットの発掘によって、各地域とも史跡指定ラインがほぼ住居址等の遺構分布範囲の限界であることが確認された。

三〇年ぶりに平出遺跡の発掘現場に立った原は、『史跡平出遺跡遺構確認調査報告書』の中で、それまでの平出遺跡の研究を総括して短くつぎのように述べている。

「土師時代以前の集落は、平出泉から出て、東に流れる水路と、旧中山道とに挟まれた丘陵の中間で、しかも水便のよい地帯に営まれ、その集落に付随する墓地地帯は外に、原始の神々をまつる信仰の地帯は、集落の中、またはその周辺の然るべき地にあったであろう」

灌漑施設工事の事前調査

昭和五〇年代から六〇年は、農業の振興と遺跡保護との調和をいかに図るかが大きな問題として浮上した時期である。高原野菜や果樹を主体とした農業が営まれていた平出周辺にとって、灌漑用水の確保は安定した農業経営には不可欠であった。国・県の灌漑排水事業がこの地域に導入されることが決定されると、塩尻市は文化庁との協議の中で事前発掘調査を実施し、遺構の存在が確認された場合、遺構下に水路を配管する推進工法をとることで遺構の保護をはかることになった。

一九八五年（昭和六〇）から翌年にかけて、小林康男を調査担当者に、鳥羽嘉彦・伊東直登《なおと》等を調査員として発掘調査をおこなった。農業用灌漑施設の配管の事前調査という性質上、遺跡全域が発掘調査対象地域となり、入れられた幅一メートルのトレンチは計二〇本、延二七五九メートルに達し、昭和二〇年代における大発掘をもしのぐ規模の発掘調査となった。

発見された遺構は、縄文時代中期二一、後期一、古墳時代三八、平安時代一三、不明古代四の各時代の住居址、掘立柱建物址一、そして平安時代三、江戸時代一の土坑墓などである。工事施行にともなう事前調査という性格上、遺跡西側にある浅谷下など、それまであまり顧慮されなかった場所にも調査の手が入った。そのため従来知られていなかった平出遺跡の性格も数多く明らかにすることができた。

あらたな知見

その成果を報告書の結語はつぎのようにまとめている。

1　縄文時代早期のあり方、中期集落の変遷の輪郭がおぼろげながら把握できた。

2　浅谷およびその周辺を中心として縄文後期の住居址、遺物が大量に発見された。

3　遺跡中央部から浅谷にかけての広範囲で縄文晩期から弥生初頭に比定される土器が得られた。

4　古墳時代の住居址が西部地域を中心として多く発見され、その多くが焼失家屋であった。

5　平安時代では西、北端から灰釉陶器をともなう土坑墓が発見され、集落の周縁部が墓域であったことが判明した。

図 35 ● トレンチ内からは、つぎつぎと住居址が姿をあらわした（手前は H66 号住居）

図 34 ● 1986 年、遺跡全域にトレンチが入れられた

このように総括された一九八五、八六年（昭和六〇、六一）の調査によって、広範囲にわたって展開している平出遺跡の時代的変遷が大まかに把握されることになったのである。

８　「縄文の村」と「古代の農村」を掘る

昭和二〇年代の大発掘以来半世紀、一九九七年（平成九）から塩尻市は、史跡指定地の用地買上げと史跡公園整備計画にとり組むことになった。そして、事前発掘調査を広範囲にわたって継続的に実施することにした。いわば第Ⅱ期の発掘調査の開始である。

発掘調査は、公園整備のための資料をえるにとどまらず、発掘作業そのものを整備の一環として位置付け、成果の即時公開はもちろんのこと、発掘体験を積極的に受け入れ、発掘調査の感動を参加者とともに共有することを大きな目的とした。

「縄文の村」整備地区を掘る

二〇〇二年（平成一四）七月、「縄文の村」整備のための発掘調査が、遺跡中央部ではじめられた。発掘は、平出博物館の小林康男・小松学・塩原真樹《まさき》・中野実佐雄《みさお》が主体となり、地域の多くの人びとの協力を得ながら進められた。

今回の発掘調査は、平出でははじめての面的発掘である。地中に埋蔵されているすべての痕跡を見逃すことのないよう、表土からすべて手作業での掘り下げとなった。あわよくば縄文の道までも発見したいと考えた。

残念ながら、この期待は果たせなかったが、表土下の褐色土中に火を焚いた痕跡や住居址の掘り込み面を検出することができ、当時の生活面にかぎりなく近い面を把握することができた。また、現在は平坦な地形であるが、当時は東にむかって緩やかな起伏を呈する地形であることも確認できた。

こうして、昭和二〇年代に発掘されたI・Kトレンチも含めた二〇〇〇平方メートルの調査区から、縄文中期一九、平安一の計二〇軒の住居址が発見された。

とくに発掘調査の目的であった縄文時代の住居址は、中期九兵衛尾根《きゅうべえおね》期一、狢沢《むじなざわ》期一、新道《あらみち》期五、藤内《とうない》期四、井戸尻《いどじり》期五、曽利《そり》期二が発見され、中期中葉の住居址が主体となって分布していることが明らかとなった。

なかでも新道期の住居址は、調査区域外の既発掘住居址とともに総合的に見ると、その配列は環状を呈していることが見てとれ、集落構成をある程度描き出すことができる結果となった。

新道～藤内期のJ二六・三一・三二号住居では、住居址覆土《ふくど》に大量の土器が投棄された状態が確認された。縄文集落内での廃絶住居と土器の投棄との関連性を示す興味深い事実である。

図36 ● 縄文時代中期の住居址がたくさん見つかった、「縄文の村」の発掘

また、今回の発掘調査では五〇点もの土偶が出土した。しかもこのうち四個体の土偶は、いくつかの住居址間で接合することが確認され、土偶祭祀のあり方を研究するうえでも大きな成果となった。

当時の集落周辺はどのような環境にあったか。生活環境を復元するため花粉分析や炭化物の樹種鑑定など科学的分析もとり入れることになった。その結果、クリ・オニグルミ・ススキなどの植物の存在が確認された。

史跡に指定され、破壊されることなく保護されている遺跡の発掘調査はどうあるべきか。それは確固たる目

図37 ● J 31号住居の埋土から多量の土器が出土した

図38 ● J 31号住居から出土した土器の一部
躍動感あふれる文様で飾られた縄文中期土器は、原始美術の華といわれている。

的のもとに必要最小限の調査をし、可能なかぎり将来の研究のために遺構・遺物はそのまま残すべきであるということである。今回の調査でも、遺物は採取したが、遺構に付随する埋甕炉・埋甕や立石等はすべて残すことにした。

今回、はからずも昭和二〇年代に調査されたチ・リ号や二五号住居を再発掘することになった。ここでは未確認の柱穴を検出する一方、炉・竈などの住居に付随する施設は破壊されてしまっており、再検証することはできなかった。五〇年後、一〇〇年後に発掘技術の進んだ後世の研究者が再検討できる資料をできるだけ多く残しておくことも、今、史跡平出遺跡を発掘する者の務めであろう。

調査が終了した二〇〇三年（平成一五）三月、住居址には保護砂が入れられ、ふたたび発掘地は元に復され整備の日を待つことになった。

図39●J31号住居からは石器も出土している

「古代の農村」整備地区を掘る

面的調査の二年目は、かつて塩尻学生上代文化研究会がはじめて住居址を発掘した遺跡中央部二〇〇〇平方メートルを調査対象地とした。従来の調査では古墳時代の住居址が多く発見されている地域で、古代の農村を整備する場所である。

二〇〇三年（平成一五）七月から翌年三月まで実施された調査では、やはり古代の住居址が主体となって発見された。古墳時代八、平安時代三、そして、縄文中期の住居址も四軒確認された。埋甕炉を有する三世紀代の古墳時代としては最古の一三一号、一辺八・五メートルの大形の一三〇号住居などが注目され、また、この調査でも一三一・一三七号など火災住居の存在が目立った。掘立柱建物址も三棟が発見され、集落の東部にのみ配されていたという従来の古代集落の構成に再検討を迫る結果となった。

昭和二〇年代に発掘された四二号住居は、今回で三回発掘されたことになった。発掘現場にしばしば足を運び指導している樋口昇一、桐原健にとって、青春時代に出合った住居址に半世紀ぶりにふたたびめぐり合い、感慨無量のものがあったことだろう。

この調査では、小・中学生や高校生、市民など発掘体験希望者を積極的に受け入れ、多くの人びとが自分たちの暮らしている地域の歴史を掘り起こす感動をともにした。

こうして第Ⅱ期調査は、面的でなくては明らかにできない住居など遺構の配置状況、掘立柱建物など多くの貴重な新知見をもたらすことになった。今後も継続される面的発掘調査に大いなる期待をもちたいものである。

図40 ● 古墳時代の住居が多く残された、「古代の農村」の発掘

第3章　環境の中での集落景観の復元

一九四〇年代から二〇〇三年までの発掘調査によって発見された遺構は、縄文中期六三、縄文後期二、古墳時代七五、平安時代三二、時期不明の古代住居址三〇、古代の掘立柱建物址七の合計二〇九軒に達している。

今までの調査によって、平出遺跡の時代的変遷が大まかにたどれるようになった。本章では、発掘調査の成果を整理し、縄文から現代にいたるまでの〝平出ムラ〟変遷を跡付けてみたい。

1　平出でわかった縄文の暮らし

特異な縄文土器

縄文土器の編年研究は、昭和初期に山内《やまのうち》清男《すがお》や八幡一郎らによりほぼ大綱がまとまり、その後はその網の目をより細かくしていく作業がおこなわれることになる。平出遺跡の発掘調査で出土した膨大な縄文土器は、永峯《ながみね》光一により編年的観点から第一類から一一類に分類整理され、報告書『平出』にその成果が報告されている。その中で後に問題となる特異な中期土器の一群に注意が払われている。

永峯は、関東の中期後半の加曽利E式に併行する土器を第六類として整理し、ヲ・イ号住居出土土器を「箆描《へらがき》の沈線《ちんせん》が放射状、綾杉《あやすぎ》状或は縦、斜線となって部分部分に施文されている」D類、ロ号出土土器を「胴部文様として縦に櫛目文《くしめもん》を地文とし、箆描の沈線による唐草文様《からくさもんよう》を想起させるような曲線文を描いた一類」としてE類とした。

平出遺跡ではじめて「唐草文様」と呼称されたこの種の土器は、その後の研究で、ⅠからⅣ期の四段階に時期的変遷が跡付けられ、中期後半に松本平から伊那・諏訪・木曽などの地域を核として特徴的に分布した土器であ

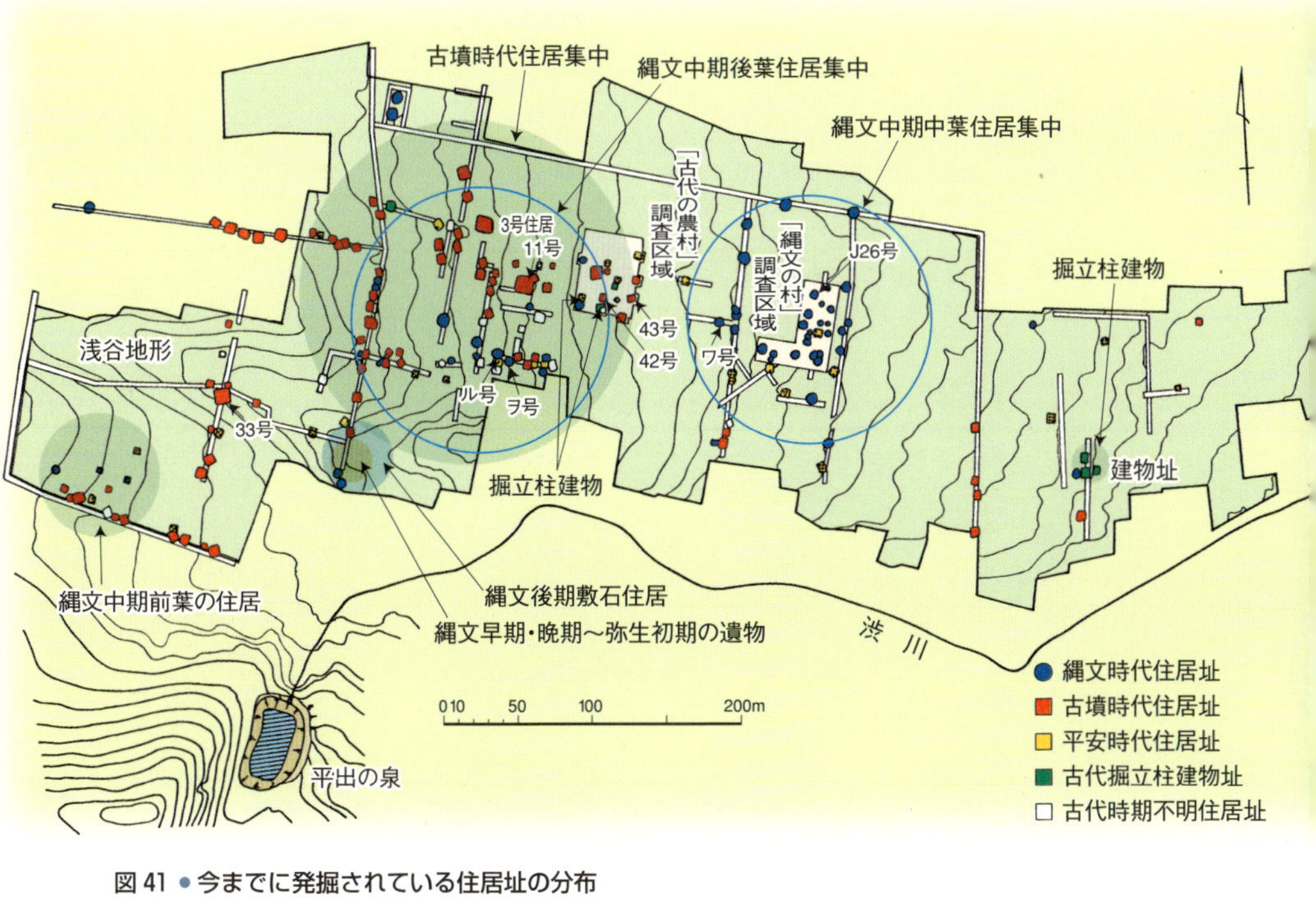

図41 ● 今までに発掘されている住居址の分布

ることが明らかとなった。「唐草文系土器」は、その出自・構造・名称問題など、未解明な部分の多い土器型式であり、現在の中期土器研究の大きな課題となっている。

また、ワ号住居の埋甕炉として使用され、第三類Aに分類された土器は、立体的な装飾を主とする中期土器のなかにあって、「竹管《ちっかん》状工具を軽く使用して描出した、平行沈線のみの文様を有する」いたって簡素な土器である。深鉢で、器壁は薄く、半截《はんさい》竹管による平行沈線文を特徴とするこの特異な土器は、その後の研究で、中期初頭から井戸尻期までの中期前半を通じて、大きな型式変化もしないまま存続し、その分布も松本平南部から諏訪盆地・伊那谷に限られることが明らかとなった。現在、この種の土器は平出三A土器として研究が深められている。

これらの土器への着目は、中期土器研究の新しい局面を切り拓く出発点となり、その基礎を築くことになった。

図 42 ● イ号住居出土の唐草文系土器

図 43 ● ワ号（右）、J 21 号（左）住居出土の平出三A土器

住居内への土器の投棄

平出遺跡の縄文中期の発掘調査では、しばしば竪穴住居址のくぼみから大量の土器が折り重なった状態で発見される。発掘調査中に、足の踏み場もないほどの土器の堆積にめぐり合った時の感激はひとしおである。

第四次調査で発見されたヲ号とワ号住居では、このような土器群の特異な出土の様子が観察された。

ヲ号では、土器の出土状態は「約三〇糎もの厚さにおびただしく堆積し、その範囲は周壁より一定の間隔を保ちつつ円形に、炉址はもとより一部の柱穴上までも被覆しており、しかも堆積部下面と床面との間は約一〇糎の間層を距てていた」というものであった。ワ号や後に調査されたJ六・一〇・一四・二六・三一・三二号など多くの住居址で同様の状態が見られた。

このような土器の出土状態を観察した八幡一郎は、「土器の集積する範囲が竪穴の全面に及ばず極限されていること、集積が所謂床面に直接せず、両者の間に

図44 ● ヲ号住居（上）と、
吹上パターンを呈する土器の出土状態（下）

若干の間隔があってその間を黒土が満たしている」ことに留意した。そして、このような現象が生じた理由として、住居の床上に敷かれていた丸太や干草などが腐り、その上に土器が散乱したという考え方と、住居が廃屋となり、竪穴が少し埋没した所に土器を置いた、あるいは投棄したのではないか、との二通りの考え方を示した。そして、「それらが住居を廃棄する前に遺されたものであろうと、廃棄してから後に遺されたものであろうと、こうした事実は当時の生活を考える上に重要な意義を帯びている」と指摘した（『平出』）。

このような特異な土器の出土について、大場は、「住居内に死者が生じ、そのままその中に埋葬して若干の土をかけ、更にその上に生前使用していた土器や石器類を盛って、他の家族は退去したのである。その住居内で使用された遺物は死霊の付着したものである。だからこれを全部家に遺して退去したのである」と解釈した（『平出』）。

平出遺跡で注目された廃絶住居内での大量土器出土は、その後大きな進展もみずに経過していったが、埼玉県吹上《ふきあげ》遺跡での住居内土器出土状況から、小林達雄が提唱した「吹上げパターン論」によって、にわかに活況を呈することになる。小林は、土器作りと使用土器の一括廃棄を念頭においた土器作りのシーズン制、縄文カレンダーをその解釈にとり入れ、縄文人の思惟・行動を明らかにする手立てとした。小林はその後、床面直上出土の例を「井戸尻パターン」とし、これらのパターン論を深化させることによって縄文人の行動様式の解明を試みている。

ヲ号・ワ号での特異な土器出土とその観察結果は、パターン論の先駆をなすものとして評価したい。

幼児埋葬説の埋甕

「発掘が進むに従ひ、南壁近くの床面下から意外な事実があらわれて、急に本住居址に対する注意が高まるに至った。それは外でもない。南壁に密接して床面下ローム層中に、一個の完全な縄文式の大甕が、正しく逆さに埋設していたことである」（『信濃』二―七）

これは、一九五〇年の第一次調査の際、ロ号住居から発見された埋甕についての記述である。埋甕は、すでに大正末から注目されてきたが、平出ロ号での発見と同年、宮坂英式は、尖石遺跡の報告の中で、埋甕は「出入り口部の床下に土器を埋めた施設である」とし、呪術的・精神的側面を反映したものと推定した。

大場は、こうした埋甕の性格について、「幼児の遺骸を納めたものではあるまいか」との推定のもとに幼児埋葬説を提唱した。

当時、信濃毎日新聞で連載した「目で見る信濃の古代」の中の一回を割いて、大場は、「幼児の遺体を入れる」をテーマに、この土器をとりあげている。

「あどけない幼な子の死は、ひとりであの世へ送り出すにはしのびない。一

図45 ● ロ号住居で発見された埋甕（上）と、中に何が入っているか興味津々の発掘現場（下）

家の宝物ともいえるりっぱな土器に亡くなったわが子の小さな遺体を入れて、大切に家の中に埋葬したやさしい母親の愛情の深さを物語っている」

このようにロ号住居の埋甕にたいする具体的なイメージをひろげている。

埋甕は、その後の研究の進展により、中期後半から後期初頭にかけて、中部・関東を主体として盛行することが明らかになった。その性格も死産児の埋葬説と胎盤《たいばん》収納《しゅうのう》説とに集約されつつある。縄文文化研究の主要なテーマに発展した埋甕研究への一契機を、ロ号住居出土の埋甕は提供したのである。

図46 ● 埋められていた甕は高さ68cmの典型的な唐草文系土器

土偶好きな平出縄文人

最近の研究により、縄文中期、松本平は全国でも屈指の土偶保有地域であることが明らかになってきた。

平出遺跡は、昭和二〇年代から現在までの発掘調査で、七九点もの中期土偶がえられており、塩尻市内はもちろん松本平でももっとも多くの土偶を出土した遺跡ということになる。

このうちレ号住居から出土して注目された頭頂部の平らな土偶は、「河童形土偶《かっぱがた》」と称され、中期土偶の一型式として認知されることになる。立体的な頭部、自立しうる安定した脚部を有するこの土偶は、平板な前期土偶から立体的な中期土偶への変換という流れの中で、東北地方から北陸・中部・関東一帯で中期初頭に出現する。そして、中葉から後葉にかけて、頭部・顔面・腹部など各部の表現を微妙に変化させつつ発展・消滅した土偶である。

平出発掘の指導的役割を果たした大場磐雄が「カッパ」と渾名《あだな》されていたことは有名である。また、調査の推進役となった原嘉藤が好んでカッパを描いたこともよく知られている。大場・原との因縁も浅くない河童形土偶のこれからの研究の進展を大いに期待したいところである。

松本平では、中期土偶を多出する遺跡は、その区域の中核的な大集落遺跡であることが一般的である。多くの土偶を有する平出遺跡もこの地域の拠点的な大集落である。二〇〇二年の二〇〇〇平方メートルの発掘調査区域から五〇点の土偶が出土し、しかも住居址覆土から出土した土偶が接合する例が四例発見された。地域の中で、土偶の保有をめぐって他集落とどのような関係をもっていたのか、また、同じ集落の中で土偶はどのようにとり扱われたのかを考えるうえで興味深い資料といえる。

図47●レ号住居から出土した「河童形土偶」

2　平出縄文ムラの景観

昭和二〇年代の発掘調査では、古代集落に目が向けられ、縄文時代の集落研究の視点は希薄であった。報告書には、住居址や出土遺物の詳細な記述はみられるが、集落の観点から縄文時代をみることはなかった。すでに同じ長野県の尖石遺跡で縄文集落の画期的な研究が展開されていたことを考えると、資料的な制約があったことは承知していても残念でならない。

ここでは後の調査の積み重ねによって得られた成果から、おぼろげながらわかってきた縄文集落（ムラ）の実態を描いてみたい。

縄文時代早・前期

この時期、押型文《おしがたもん》と条痕文《じょうこんもん》土器が西部の浅谷を中心とした地域に集中して出土している。住居址の発見はないが、平出にやってきた最初の住人がこの浅谷地域を生活の舞台として選んだことがわかる。

続く縄文前期は、現在までの調査では土器片一片すら出土しておらず、まったくの空白の時代であった。

縄文時代中期

集落の時期的分布　現在までに六三軒の住居址が発見されており、中期前葉の九兵衛尾根期から後葉の曽利Ｖ期までほぼ全期間にわたって居住しつづけている。

前葉（九兵衛尾根期）には、五〇〇メートルの距離がある東・中・西両端の三地域に住居址が発見されている。あるいはそれぞれ別の集落の可能性も考えられる。中葉の狢沢・新道期には、中央部に集中する傾向があり、二〇〇二年の調査では、環状を呈した住居址配置が見てとれた。ついで藤内・井戸尻期では、前代と同様に中央部への立地を踏襲しつつも西側への進出

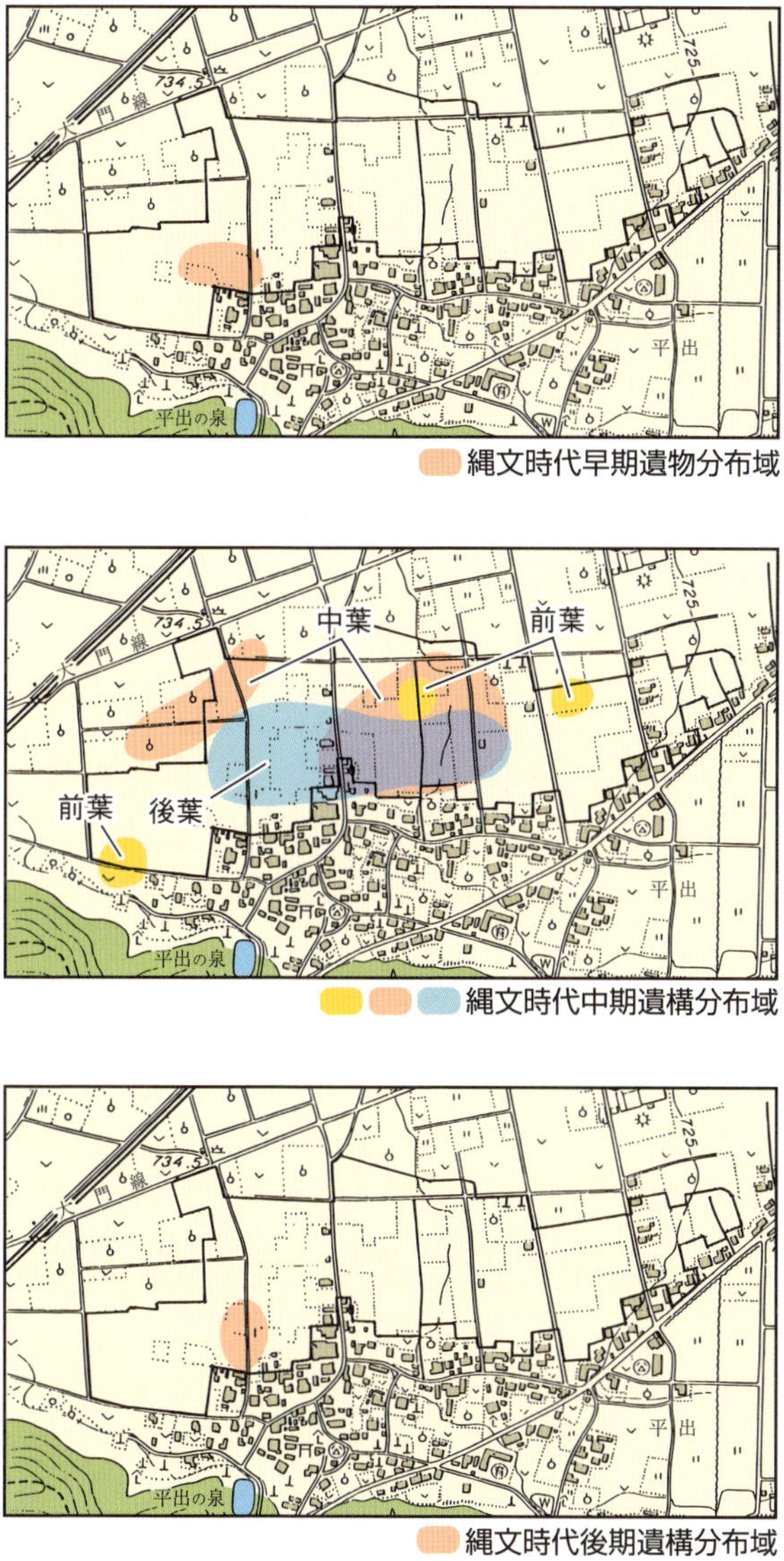

図48 ● 平出遺跡の移り変わり（1）縄文時代

が認められる。そして、後葉の曽利期には、西側への進出はいっそう顕著になる一方、中央部にも住居址が散在する傾向となる。中心地の両極化現象とでもいうべきあり方を示す。

このように中期の集落は、前葉は東・中・西への居住、中葉での中央部への集中化、後葉での中央から西側への進出という動きをたどることができる。

今までの調査で、縄文時代の住居址がある程度のまとまりとして発見されているのは遺跡の中央部分である。ここは平出の泉から湧出した清水が流れる渋川を南に望むやや小高い場所にあたる。ここでは中期前葉の九兵衛尾根期から後葉の曽利期までの住居址が存在している。とりわけ新道期の住居址が集中して発見されている。まだ、この地域を全掘しているわけではないので、この時期の住居配列を云々するには資料不足であるが、今まで発見されている住居址の分布を大きくとらえてみたい。

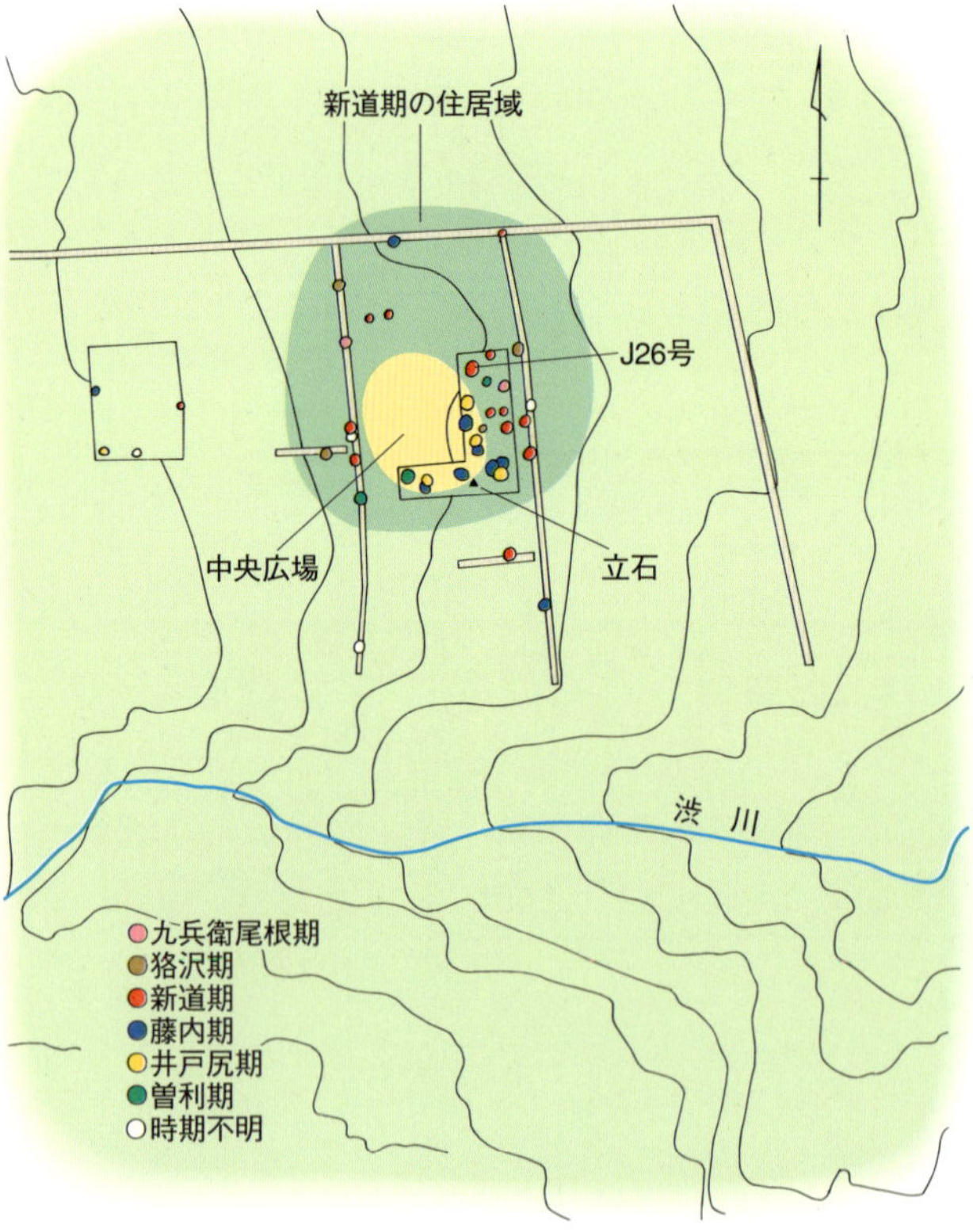

図 49 ● 遺跡中央部の縄文時代中期住居の分布

指導的人物の住居か　中期前葉からはじまったこの中央地域への居住は、中葉の新道期にいたって住居軒数は激増し、この地区での縄文中期集落としての盛期を向かえる。住居の配置を見ると、中央に住居をつくらない空間を配置し、その広場をとりまくように住居が配列しているように見受けられる。

この新道期の住居を見ると規模の大小が目につく。もっとも大きな住居はJ二六号住居で、床面積は二六平方メートルである。これにたいして、この住居以外のJ二五住居は一一平方メートル、J二九号住居にいたっては八平方メートルしかなく、J二六号の半分から三分の一

図50 ● 大きなJ26号住居（上）
すばらしい縄文中期の土器が出土した（中）
20点もの土偶も出土した（下）

にも満たない小さな住居である。しかし、それぞれの住居から出土する遺物は、土器・石器ともに特別な差は認められない。

一般的には、縄文時代は階級差がない時代であるといわれているが、そのムラを束ねる役割を果たした指導者的人物は存在したであろう。大きなJ二六号住居の住人は、平出新道期のムラの指導者の家であったのかもしれない。

中央広場の立石　二〇〇二年の調査で、この中央広場の一角で、立石が、倒れることなく当時のままに地面に屹立して発見された。この立石の時期は正確にははっきりしないが、平出縄文人の共通のシンボル的存在であったことは間違いない。遺跡の南側には標高九三九メートルの三角形を呈する大洞山《おおぼらやま》がそびえている。住居群から立石を通して見た時、この山が正面にそびえており、縄文人の精神的な支えとなっていたことがうかがえる。

また、広場の一隅に掘られた土坑に、長さ五七センチの立石がずり落ちるような状態でみつかった。土坑が墓地であるとすれば、この立石は墓標のようなものであったとも想像できる。

自然環境　当時のムラをとりまく自然環境はどうだったろうか。発掘調査では、集落周辺の植生を調べるために土壌の花粉分析や住居址から出土した炭化材の樹種鑑定をおこなった。そ

図51 ● 中央広場の立石から大洞山を望む

れによると、クリ・オニグルミ・カヤが豊富に発見された。おそらく当時はクリ林やカヤ場がムラの周囲に展開し、科学的分析ではまだ未検出であるが、ブナ・ナラ・クヌギなどのドングリ類の樹木も繁茂していたものと推定される。

ムラの景観とムラのネットワーク

ムラの景観　縄文中期の新道期のムラの景観を再現してみる。生活用水の湧水の流れにほど近く、クリ・ドングリの樹木に周囲を覆われた一角に、そのムラはある。

中央広場にムラを統合する精神的なシンボル立石をすえ、その一隅には先祖の墓地が設けられている。この広場をとりまくように指導者の大きな家を核として数軒のやや小形の住居が立ち並ぶ――そんなムラの姿が浮かんでくる。

このような縄文ムラは、平出遺跡周辺にも、上手《わで》村遺跡・床尾中央遺跡など同時期の集落が何カ所か発見

図52 ● 平出縄文ムラのイメージ・イラスト

されている。縄文時代にあっても一集落が孤立的に存在していたのではなく、地域内のいくつかのムラのまとまりの中で存立していたと考えられる。

土偶保有とまつり　それを証明する一つの例として、縄文時代特有の呪術具《じゅじゅつぐ》である土偶の存在があげられる。平出遺跡では、中期前葉二、中葉五七、後葉二〇の計七九点もの土偶が出土し、中期に入ってから一貫して土偶を保有しつづけている。これにたいし、周辺の床尾中央遺跡では中期中葉二、後葉一が出土しているのみであり、中期の中頃からわずかな土偶をもっていたにすぎない。このほかには土偶を出土しない多くの遺跡が存在する。

大量の土偶を長期間保有する平出ムラ、少量の土偶を短期間保有する床尾中央ムラ、まったく土偶をもたない多くのムラが一つの地域の中に存在していたことになる。このような土偶の出土状況からは、周辺のムラからこの地域の中心となる平出ムラに集まり、土偶のまつりを行い、まつりが終わったあとに壊された土

図53 ● 大量に出土した土偶

偶の一片を持ち帰った床尾中央ムラ、ただまつりに参加しただけの多くのムラがあったのではないかとの想定が生まれる。

土偶のまつりを仲立ちとして、平出ムラを核としたムラとムラとのネットワークができていたのではないかと想定してみた。平出縄文中期の集落は、この地域の中核的なムラとして、この地域を統括するようなムラであったと考えている。

縄文時代後期

中期にあれほど栄えた平出も、後期前葉の称名寺・堀ノ内期には、西側の浅谷に面した、あるいは浅谷内に敷石住居を含む二軒の住居址が発見される程度に衰退する。

つぎの後期中・後葉には住居址の発見はないものの、浅谷内から大量の土器が出土していることから、かなり重要な活動拠点であったことがうかがわれる。中期までの居住域と異なり、浅谷を中心として生活が営まれた後期には立地上でも大きな変化が生じたことが推定される。

縄文時代晩期〜弥生時代初期

遺跡中央部から西側の浅谷にかけてのかなり広範囲に、濃淡の差はあるが土器の出土が認められる。いまだ住居址の発見はないが、稲作農業が流入した縄文から弥生へというこの時期に、湿地帯であった浅谷を望む場所を活躍の場に選定したことは暗示的である（82ページ、図59参照）。

弥生時代後期

この時期は数片の土器が出土しているだけで、きわめて断片的な資料があるのみで、その実態は判然としない。おそらく東方の田川流域の和手《わで》遺跡や田川端《たがわばた》遺跡などの大集落に中心が移行したものと思われる。

3　平出でわかった古代の暮らし

古代土器編年の試み

一九四六年、杉原荘介は、戦前から続けていた古墳時代から平安時代にかけての南関東地方の土器編年研究を総括して、和泉《いずみ》—鬼高《おにたか》—真間《まま》—国分《こくぶ》の編年序列を、著書『原史学序論』に発表した。この編年案はその後の各地の土器研究の基礎となったが、当時の長野県では古代の土器研究はまったく手つかずの状態であった。

このような状況の中で、平出遺跡から出土した大量の土師器《はじき》・須恵器《すえき》・施釉陶器《せゆうとうき》は、古代土器の変遷を跡付けるに十分な資料を提供した。その整理を担当した小出義治・桜井清彦・玉口時雄は、「従来の記述によると、土師器・須恵器・施釉陶器の三種に分けて、各々に記述すべきであるが、ここでは一住居址内に属する土器全体をフンドとして、これを一つの型と時間とに属せしめる方針をとったので、それ等は一括して取扱ふこととした」と、住居址単位の出土土器を様式として認識し、編年を組み立てようと試みている。整理・検討の結果、小出らは、出土土器を七つの様式に分類し、古代土器の変遷をつぎのように跡付けた。

第一様式　弥生土器の伝統を残し、丸底で複合口縁の壺《つぼ》・高坏《たかつき》・鉢《はち》などがあり、まだ須恵器はない。

第二様式　土師器の壺・鉢・坏・高坏・広口坩《ひろくちかん》などがあり、口縁の立ち上がりおよび外反を呈する特徴をもつ。この様式から須恵器がともなう。

第三様式　土師器の壺が少なくなり、甕《かめ》が主体となる。甕は長胴の烏帽子形《えぼしがた》を

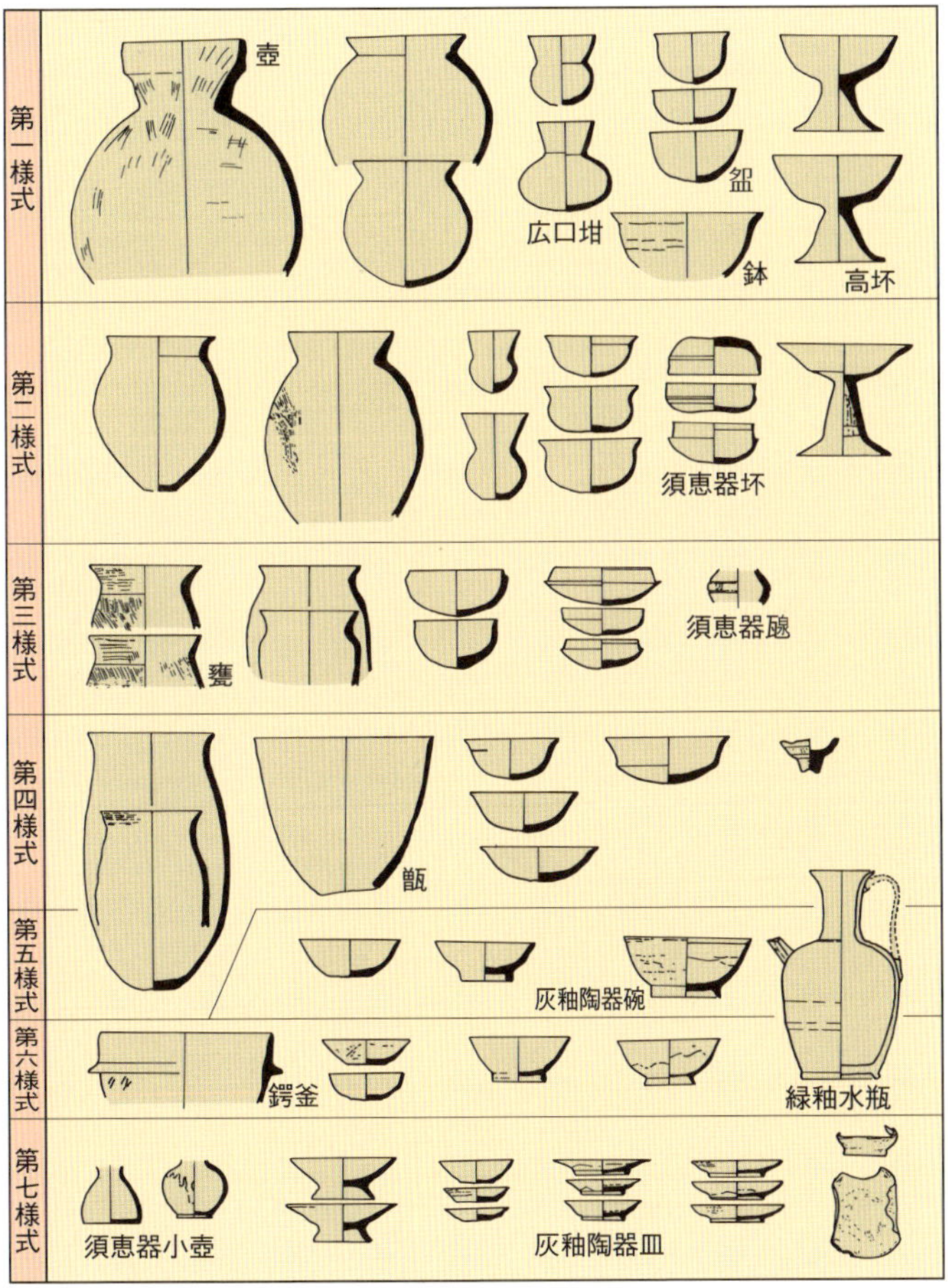

図54 ● 古代土器の変遷

特徴とする。

第四様式　土師器の長胴の甕、甑《こしき》、内面を黒色処理した坏が出現する。

第五様式　この様式から糸切底、高台《こうだい》付きの坏が出現する。灰釉《かいゆう》陶器皿・碗《わん》がともなう。

第六様式　内面黒色処理の黒色土器は姿を消し、鍔釜《つばがま》が出現する。緑釉陶器がともなう。

第七様式　器形は皿のみとなる。

第一様式は五領～和泉、第二・三様式が鬼高、第四様式が真間、第五・六・七様式が国分の各型式に比定するとされ、第一～三様式が古墳時代、第四様式が奈良時代、第五～七様式が平安時代に該当するとされた。

この平出遺跡での古代土器編年研究が基礎となり、長野県内の古代の土器研究は、ここ二〇年ほどで長足の進展をみせた。指導的役割を果たした笹沢浩は、一九八八年（昭和六三）刊行の『長野県史　考古資料編』で、古代の土器編年をとりまとめ、古墳時代五期、奈良時代四期、平安時代七期に区分し、さらに県内各地の地域性も指摘した。そして、長野道の調査成果を基礎とした原明芳《あきよし》・小平和夫・直井《なおい》雅尚《まさなお》らの研究により、さらに詳細な土器編年が組み立てられつつある。

考古学的資料は時間的尺度を与えられた土器の編年を基準として、はじめてさまざまな事象を歴史的に考察することが可能となる。平出遺跡においても、この七段階の編年を基に、住居址の変遷、集落の推移などに論拠が与えられ、平出古代集落の構造を解明することができるようになった。今からみると不十分な面も多い土器編年ではあるが、平出はもちろん、この地域の古代文化解明に果たした役割は多大なものがあったといえる。

灰釉陶器の認識

一九四九年の予備調査時から平安時代の住居址を中心として出土する、それまであまり知られていなかった灰白色の釉薬《ゆうやく》を施した硬質の焼物が調査者の目をひいた。大場磐雄は、この焼物が延喜式《えんぎしき》にいう「瓷器《しのうつわ》」にあたると推定し、小山富士夫はこれに「灰釉陶器」という名称を与えた。

灰釉陶器の研究は、その後、名古屋大学の楢崎彰一によって推し進められ、愛知県猿投窯《さなげよう》の調査によって組み立てられた猿投窯灰釉陶器編年は平安時代土器研究の基本となった。

その後の再検討も踏まえ、灰釉陶器の大きな流れは、九世紀前半の成立期、九世紀後半には需要の高まりから窯数の増加・製作技術の合理化による量産化がはかられ拡大期に入り、一〇世紀後半には量産化をきっかけとした技術の低下による粗悪品が生み出されるようになり衰退期をむかえ、やがて一一、一二世紀には無釉の山茶碗《やまちゃわん》へと転化していく変遷が跡付けられた。そして、当初は尾張で、後に美濃や三河でも生産されるようになっていったことも明らかになってきた。

大場は、松本平や木曽谷、伊那谷などの東山道や吉蘇路など、古代の幹

図55 ● 平出遺跡で初めて注目された灰釉陶器

線沿いに多くの出土が認められることから、濃尾で生産された灰釉陶器がこの地にもたらされたものと考え、両地域を生産地と消費地との関係でとらえようとした。需要と供給の問題を考古学的に提示したもっとも早い問題提起となった。

楢崎は、一九六八年（昭和四三）の夏、灰釉陶器を求めて長野県を縦断し、その成果を「瓷器の道（1）」（『名古屋大学文学部二十周年記念論文集』）に発表した。それによると、灰釉陶器は平安時代後半には一般の農民層にまで普及し、とくに松本平以南の中・南信地方では生活必需品となった。これに対応して生産元も信濃に近い多治見・土岐・恵那などの窯が生産拡大をはかり、東濃産が独占的に搬入されるようになる。信濃の農民が使う日常食器が東美濃の地から安定的に供給される体制が成立したことになる。

このような食器をめぐる需要と供給関係は、当時の社会構造を解明する重要な手段として、さらに重視されつつある。平出での灰釉陶器への着目は、当時の商品流通問題という経済活動の問題にまで発展する大きな研究課題を提起することとなった。

古代の農業問題

火災にあった三一号の竈の周辺や四三号の壁際に堆積していた炭化材とともに多くの炭化植物が出土した。この分析を担当したのが、明石原人の発見者として名高い直良信夫である。

直良は、これらの炭化植物の中から、イネ・オオムギ・アワ・ソラマメなどの農作物、サンショウ・クリ・ハシバミ・クルミなどの食用植物を検出し、さらにウマ・ウシ・ニワトリなどの家畜の遺存体を見出した。三一号と四三号から出土したイネを詳細に検討した結果、作柄の不ぞろいが著しいことに着目し、この作柄のちがいは、村人全員の共同作業による稲作ではなく、自作農として各戸ごとに稲を栽培したため土地や技術の優劣が反映した結果ではないかと推定した。その栽培には、長田での水田、住居周辺に広がる陸田・畑があてられたと想定し、古代平出が農業を主生業とする農耕集落であることを明らかにした。

四三号住居からは鉄製の鍬頭が、一七・二二・四七号住居からは鉄製鎌が出土している。古墳時代に入り、鉄製農具の普及や農耕への畜力の活用など農業技術は飛躍的に発展し、これによる生産力の高まりが古代平出の大集落を支えた大きな要因と考えた。

直良は、考察の最後に、

「農作物の遺体からみて、平出遺跡の民衆は明らかに高地農業を営んでいた。現在この地の人々の農耕生活と同様に、夏が訪れるとまず稲を作ることに専念したろう。やがて秋の刈り入れがすむと、まもなく松本平の肥土を耕して麦蒔きにとりかかったろう。木の葉の色付く秋になると、

図56●43号住居出土の炭化米（上）
同住居出土の鉄製鍬頭（下右）
17、22、47号住居から出土した鉄製鎌（下左）

裏山に分け入っては、栗の実を拾い、ハシバミの種子を集め、クルミの果実をもち帰っては、山の幸を満喫した。そして畑に作ったソラマメは、炒豆にして人々の心をたのしませ、長い冬の日の生活を明るくさせたことだろう」（『信濃』四―二）

と、古代平出の一年を簡潔に描いてみせた。

この平出の古代農業問題へのかかわりは、直良の長い研究生活の中で一つの節目となった。戦前から日本古代農業の研究を志していた直良は、戦中・戦後、空襲や家族の病気などつぎつぎと困難な問題に直面し、研究も思うにまかせず、失意の中にあった。

「こうして飢えと農耕生活からしだいに往時のテーマを意識した私が、いっそう意欲的にこの研究にとりくむようになったのは昭和二四年からである。きっかけは大場磐雄博士を中心とするグループによる長野県の平出遺跡発掘後、私のもとに調査を依頼されてきた自然遺物の大部分が農耕関係の遺物だったからである。私はその遺物を調べているうちに、いろいろな観点から日本の古代農業を見つめなおさなければならない必要を覚えた」

直良は平出との出合いを、自身の研究生活を回顧した『学問の情熱』でこのように述懐している。そして、四年後、大著『日本古代農業発達史』を上梓することになる。

古代集落遺跡の総合研究を標榜した平出の調査は、その集落を経済的に支えた農業問題を抜きにしては語ることはできない。直良の遺存植物・遺体の緻密な研究があってはじめて、平出の古代集落研究も多角的な視点での究明が可能となったといえる。

現在、集落研究を進めるとき、住居の配列にのみ重きを置きすぎるきらいがある。直良の示した、その集落をささえた食料資源、それを生み出した自然環境への視点の重要性を今一度再確認する必要があろう。

竪穴住居の復元

一九五一年五月、宮本長二郎によって、「復原住居の先駆」「その後の復元の方向付けが行われた」と評される、古墳時代の三号住居の復元作業が終了した。

この復元作業を主導したのは、東大教授で建築史研究者の藤島亥治郎であった。藤島は一九四九年の予備調査の時から、一辺六・二メートル、隅丸方形の竪穴住居で、床上に残された四本の主柱穴、周壁上に五四個、壁外に二〇個の小穴の存在、当初の姿をほとんど損なうことなくとどめている竈など、遺存状態のよい三号住居に興味をもった。

図57 ● 3号住居の復元工事（上）、設計図（右）
3号復元住居の室内（下）

その予備調査後、早くもこの住居の復元が話題にのぼり、藤島は一九五〇年八月には復元設計に着手している。翌一九五一年二月、すでに縄文時代の住居復元を尖石遺跡で手がけていた堀口捨巳《すてみ》、登呂遺跡で弥生時代の住居と高床倉庫の復元を検討していた関野克《まさる》と東京有楽町の建築会館で研究討議をおこなった。

藤島は、三号住居の情報を最大限駆使して、軒が六〇センチほど地面から離れ、壁が立ち上がり、四本の主柱上に梁《はり》と桁《けた》を渡した宝形隅丸の寄棟造の復元案を提示した。

復元住居は、茅六〇束、麦藁三六〇束を使用し、およそ一カ月を費やして完成した。

南側の入り口から室内に入ると、右手の壁際に竈が作られ、そのすぐ脇には炊事用の甕・壺、高坏が置かれている。竈の左右には貯蔵用の穴が掘られ、壁には突き上げ窓がとり付けられ、すがすがしい外気が流れ入ってくる。その情景は、まさに山上憶良の「貧窮問答歌」の世界を彷彿とさせるものであった。

この復元住居は、古代の農民生活を考えるうえで格好の教

図58 ● 62号復元住居

材となり、また、平出遺跡のシンボルとして現在でも多くの見学者が訪れている。

その後、藤島は、一九八三年（昭和五八）に、屋根が直接地面に接する形態をとる古墳時代の六二号住居を、また翌一九八四年には、幅七・二メートル、奥行五・七メートルの四間×三間の規模をもつ二号掘立柱建物址を高倉として復元した（42ページ、図30参照）。

現在進められている平出遺跡の整備では、古代農村の復元も大きなテーマとなっている。そのための発掘調査でも古墳時代の住居址や掘立柱建物址が多く発見されている。今後、その何軒かを復元することになるが、どのような復元住居が建てられ、どのような農村風景が出現するのか楽しみである。

4　古代集落をよみがえらせる

すでに述べてきたように、平出遺跡は、昭和二〇年代の発掘当初から古代の集落跡として注目され、「古代集落遺跡の総合研究」を標榜して調査が進められた。

つぎつぎと古墳時代から平安時代の住居址が発見される中、大場磐雄は、遺跡周辺に展開する文物も考慮に入れて、「聚落のあり方、当代文化の一断面」（『平出』）で古代の集落景観の復元を構想した。そして、大場の弟子でもある桐原健も、「集落研究における平出古墳群の意義」（『平出博物館紀要』二）や「古代平出のムラ」（『塩尻市誌』二）で、古墳時代集落のありようを想定した。この二人の構想案を紹介しつつ、古代の平出集落（ムラ）の景観を考えてみたい。

古墳時代

古墳時代の住居址は、現在までの調査で七五軒が発見されており、この地域では最大級の集落といえる。

四、五世紀には、遺跡中央から西側の浅谷地域にかけて住居址が分布している。この時期になると浅谷はかなり堆積が進んだらしく、現地表面からさほど下がらない浅い面に住居址がつ

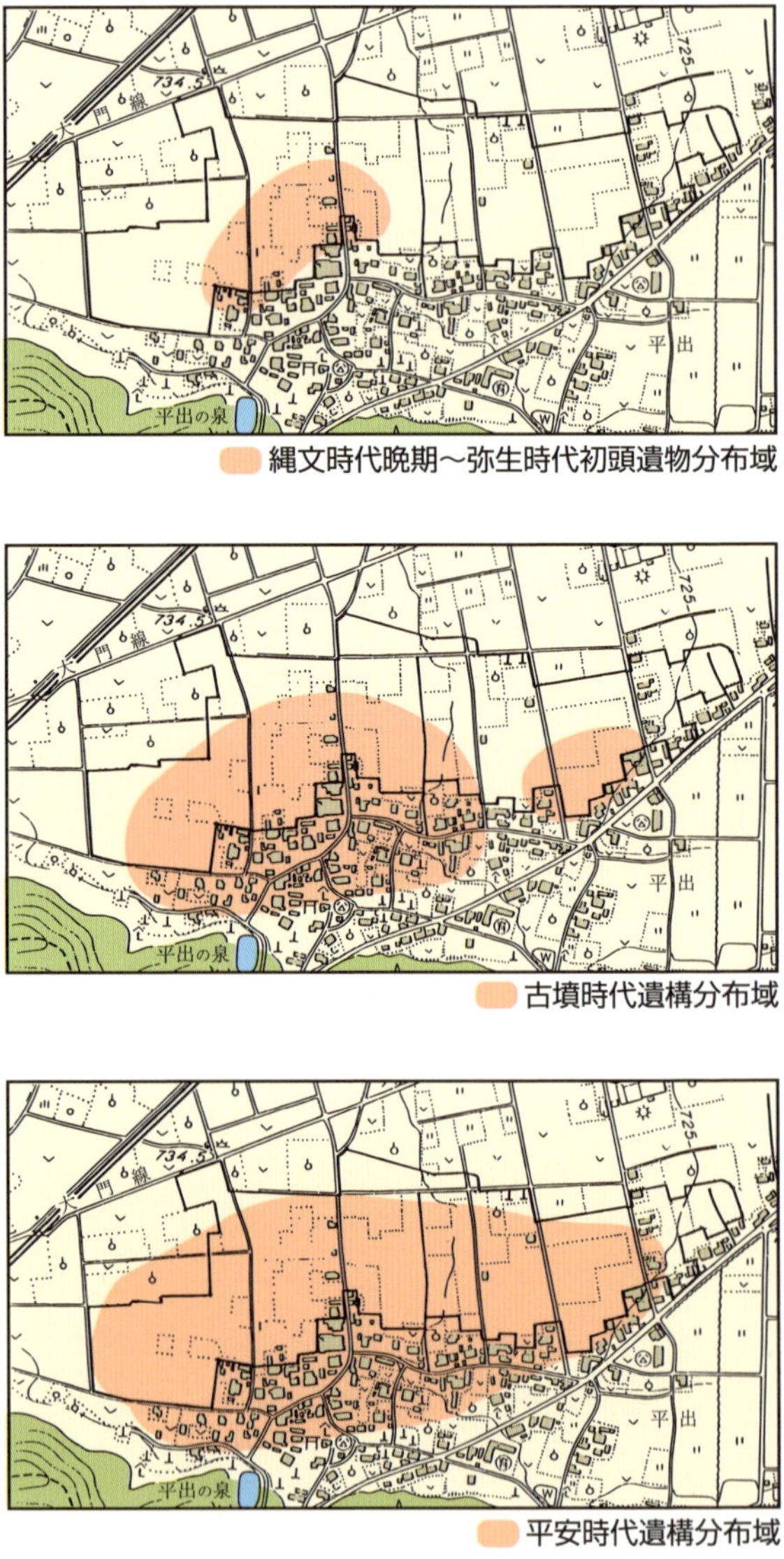

図59 ● 平出遺跡の移り変わり（2）古代

くられている。まだ住居軒数は少なく散村的である。

つづく六、七世紀には居住域は飛躍的に拡大し、遺跡の東端から西端まで住居址が発見されている。とりわけ遺跡中・西部地域は住居が密集し、しかも火災住居が多数を占めるという特異な状況を呈している。

この頃、比叡ノ山の南裏には平出ムラに付随する古墳が築造され、生産の場であった長田の水田地帯の存在とあいまって、当時の集落構成のあり方を復元可能とする第一級の資料を提供している。

古代平出ムラの景観

集落景観を考える場合、居住する場・生産域・精神的よりどころなどが重要な要素になる。

住居域　古墳時代後期の六・七世紀のムラを検討した桐原は、住居域を三つの群に分割する。古代平出ムラでは、西側の床尾の湧水から発した小さな流れは平出の泉から流れ出た渋川と合するところで辻ができ、これによって居住域が三つに細分されるという。

Ⅰ群は、両河川の北側のゆるい台地上にあり、面積は四七〇〇〇平方メートルと三地区の中ではもっとも広く、想定住居数五〇軒。

Ⅱ群は、比叡ノ山と渋川によって画された一角で、面積は二六〇〇〇

図60 ● 古代平出ムラのイメージ・イラスト

〇平方メートル、住居数は二五〜三〇軒。Ⅲ群は渋川の南にあり、その東端は水田地帯に連なっている。面積は二三〇〇〇平方メートルともっとも狭く、住居数は二〇〜二五軒と想定する。

これら三つの集落が平出という一つのムラを形成していたというのである。

各群には、大きな住居を中心としたいくつかのまとまりが存在していた。

大形の住居は、Ⅰ群では一一号（一一五平方メートル、七〇畳）、一三〇号（六〇平方メートル、三六畳）、Ⅱ群では九八号（一〇〇平方メートル、六〇畳）、そしてⅢ群の境にある六九号（一〇六平方メートル、六四畳）が該当する。大形住居は素直に有力者の住まいと考えてよいだろう。これらの住居を核として、一辺五メートル（二五平方メートル、一五畳）以下の多くの住居が配されている。そして、その一角には総柱の高床建物が数棟付属するようである。

ムラの道　桐原は道についても言及している（「村う

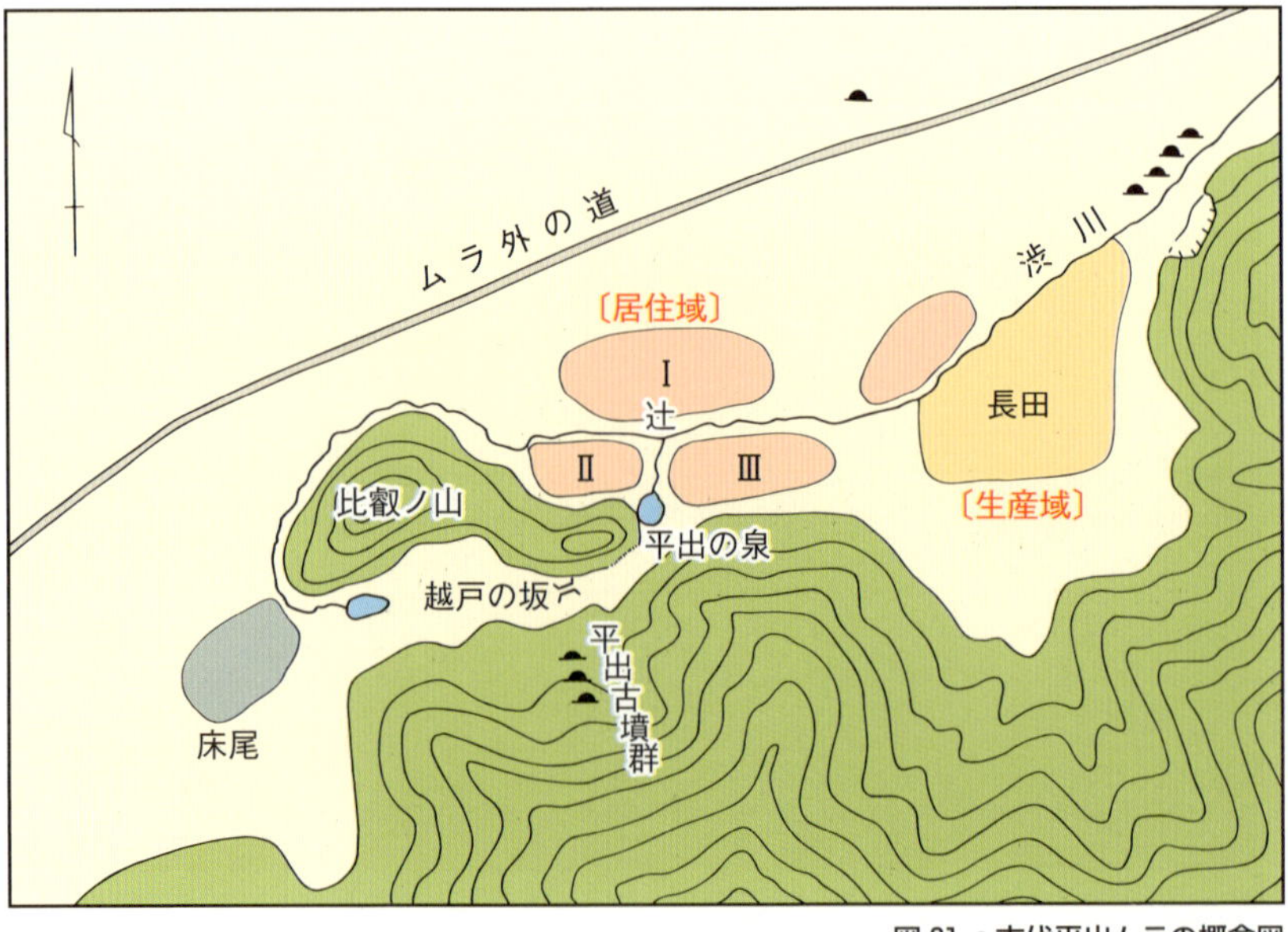

図61 ● 古代平出ムラの概念図

ちの道」『中信考古』一）。各家と家を結ぶ道、水田経営のために渋川に沿って東の水田地帯に至るムラ内の道。そして、周辺のムラと平出を結ぶ道は、比叡ノ山の裏側を通り、越戸《こえど》の坂を通る道。もう一本は平出ムラの北を走る後の中山道の路線である。このムラ外から平出ムラに入ってくる分岐点には、後の道切りや道祖神的な施設の存在を想定する。

生産の場　こうした古代平出ムラを支えた生産の場はどこに想定されるか。江戸時代の一六五一年（慶安四）の検地帳には、この地域で唯一の水田として「長《ちょう》田《だ》」が記載されている。面積七町歩（約七ヘクタール）、平出の泉と山麓からの湧水を灌漑用水として成立したこの水田は、おそらく古代までその起源がさかのぼるものであろう。また、この慶安の検地では、畑が二三町歩と記載されており、水田の三倍の面積となっている。水田とともに畑での収穫が大きかったことがうかがえる。

水田では、水稲や畦に植えられるソラマメが、住居の周辺には陸稲やオオムギ・アワなどの畑が広がり、平出ムラの人びとを支えていたと考えられる。

精神的よりどころ　人は、食べ・寝るだけでは生活できない。精神的な支えなしには人びとの暮らしは成り立ちえない。大場は、平出の人びとの生存基盤となった平出の泉への信仰と、比叡ノ山への精神的依拠を想定する。

図62 ● 古代からの水田地帯と想定される長田

「当時の平出聚落に起臥した人々は、朝夕農耕にいそしみ、平和な毎日を送り迎えていたに相違ないが、その聚落の背景として吾人の念頭に浮かぶものに平出の泉と比叡ノ山とがある。この住民の生命もまたこの水によって持続し来たったといっても過言ではあるまい。従って当代住民がその精神的な信仰の一中心をここに懸けていたことはおそらく疑いを容れないところであろう。次に比叡ノ山は遺跡の西南方に突出する小山であるが、その形状からやはり崇拝の対象とせられたであろうと信じたい。この理由は山それ自身の形状が遺跡から見た時円錐形を呈し、一と際目立つ点から、古代日本人はかかる形状に神霊の憑依するとの観念を懐くを普通としているので、同山もまたその対象とせられたと信ずるものである」(『平出』)

人びとを育んだ平出の泉とその湧水を産み出す聖地比叡ノ山への信仰は、古代平出ムラの成立に重要な精神的支えとなっていたのである。

古墳　この平出の泉を通り、比叡ノ山の裏側には一本の道が通じている。坂を登ると越戸と呼ばれる小さな峠になり、ここを越えると隣ムラの床尾に至る。この峠の左手の奥、やや小高い丘陵に三基の古墳が築かれている。松本平では最大規模の横穴式石室をもつ二号古墳は、床尾に羨道《せんどう》を向け、馬具や武器・装身具などを豊富に副葬していることから、大きな権力をもった人物の墳墓であったことがわかる。

図63 ● 比叡ノ山を望む

この古墳群は、平出ムラを統括し、さらには隣ムラをも支配下においた首長とその系譜に連なる者たちが眠る墓地地帯であった。もちろん、一般の農民はこの聖なる地帯には葬ることは許されず、住居や畑が営まれたムラの北縁部に簡単な墓が設けられたものと推定される。

人・物の交流　こうした平出ムラも、周辺の他のムラとのかかわりの中で存立していた。一〇世紀に編纂された「倭名類聚鈔《わみょうるいじゅしょう》」には、松本平南半には筑摩郡《つかまぐん》が設けられ、六郷がおかれたと記載されている。この六郷の中に「崇賀郷《そがのごう》」があり、奈良井川の両岸にわたる広汎な地域がその範囲に比定されている。

平出遺跡は、集落規模や古墳の存在から考えて、この崇賀郷の中心であったとされている。遺跡の西側には、大宝～和銅年間（七一〇年前後）に美濃から木曽をさかのぼり、鳥居峠を越えて松本平に入る吉蘇路が開通している。東側には美濃から伊那谷を経て、善知鳥《うとう》峠を越えて松本の信濃国府に達する東山道が走っている。この幹線道路を介して崇賀郷の中心平出の地に、人が行き来し、物がもたらされたのである。平出の人びとは広く文物を受け入れ、日々の生活に励んでいたことだろう。

このように平出遺跡とその周辺は、生まれ、活躍し、そして死を迎えた古代の人びとの世界観をみごとに具現化している。桐原をして「平出はまさに典型的な古代農村の姿を今に伝えている」といわしめ

図64 ● 大きな石室をもつ平出2号古墳

たように、古代人の生活の舞台を現在にとどめた稀有の遺跡なのである。

奈良時代

繁栄した古墳時代から一転して、奈良時代になると確固とした住居址の存在が確認されていない。約八〇年間の奈良時代、平出の人びとはどこに移動していったのか興味深いことである。

平安時代

平安時代の住居址は三二軒発見されており、古墳時代に見られたような密集したあり方ではなく、散在した状況を示している。住居は、遺跡全域にわたって分布し、渋川にそって東西に長く帯状に展開している。また、遺跡の東・北・西のはずれの場所には灰釉陶器皿を副葬した土坑墓が設けられ、居住域とその周辺地域との境界地帯が墓地地域とされていたことがわかる。

5　その後の平出集落

中世から近世

室町時代の『春秋之宮造宮之次第』（一四八八年）に、「平出」という地名がはじめてあらわれる。しかし、平出遺跡にはこの頃の痕跡はまったく認められない。遺跡の西よりの浅谷を中心として多く残されている、「くぼかいと」「宮かいと」「清水かいと」などの「かいと」地名に、中世のにおいをかすかに感じとることができる。また、比叡ノ山は、「ひいのやま」ともいわれ、一説には狼煙《のろし》台の山ともいわれている。

近世（江戸時代）になると、一六一四年（慶長一九）に平出遺跡の北側に中山道が開道される。その両脇には松の木が植えられた平出一里塚が築かれ、旅人の疲れを癒す立場《たてば》茶屋も店を開いた。平出の集落は、遺跡の南、渋川や長田に沿って家が建てられ、平出遺跡一帯は「内《うち》野《の》」と称される畑地帯であった。渋川沿いに多く見られる豪壮な本棟造りの民家群は、江戸時代のたたずまいを今に伝えている。

近代から現代

明治時代に入り、平出遺跡と至近の距離に鉄道が敷設され、また、国道が開通し、周辺いったいは大きく変貌を遂げてきている。

しかし、ここ平出遺跡一帯は、明治時代にはじめられたブドウ園が広がり、平出の集落、比叡ノ山も往時の風情が残されており、現在も優れた景観が保たれているのである。

図65 ● 中山道の両側に植えられた平出一里塚の松（上）
現在の平出一里塚（下）

第4章　平出の明日

平出遺跡は、昭和二〇年代の発掘以来、半世紀にわたり畑地の下に眠りつづけている。縄文・古墳・平安の各時代の集落跡、遺跡をとりまく近世・江戸時代の中山道と平出一里塚、古い本棟造りの多く残る平出集落の家並み——ここには縄文から現代まで連綿と続く人びとの営みが凝縮して残されている。

この平出遺跡をいかに保存・整備し、活用をはかるか。塩尻市では、二〇〇〇年二月に「塩尻市史跡平出遺跡整備委員会」を発足し、その指導を受けながら整備を進めている。

整備テーマは、「五千年におよぶ平出の地」。縄文時代から現代まで、生活環境がさまざまに変化する中で、人びとがいかに暮らしを立ててきたかを実感し、学習できる場としての公園整備をめざすとしている。そして、「縄文の村」「古代の農村」「体験施設地区」「ガイダンス地区」「導入部」の五つの整備地区が設定された。

「縄文の村」地区では、復元住居・広場・森・廃村になった痕跡など四五〇〇年程前の縄文中期の村の景観を復元する。厳しい自然とのかかわりの中でたくましく生き抜いてきた縄文人の生活を実感する場所とする。

「古代の農村」地区では、一三〇〇年ほど前の古墳時代と一〇〇〇年前の平安時代の農村景観を復元する。住居・高床建物を設け、その周囲に畑、森などを再現し、古代の人びとの日常営まれていた生活の様子が体験できる整備をおこなおうとするものである。

「体験施設地区」では、復元住居での居住体験や古代作物の栽培などができる場とし、「ガイダンス地区」では来訪者への情報提供や交流の場を提供し、「導入部」は平出遺跡への玄関口としての整備が必要とされている。

そして、平出遺跡の周辺に散在する、清冽な平出の泉や江戸時代以来のたたずまいを伝える家並み、比叡ノ山をはじめとする里山の景観、平出一里塚や中山道など豊かな自然や歴史的な遺産も一

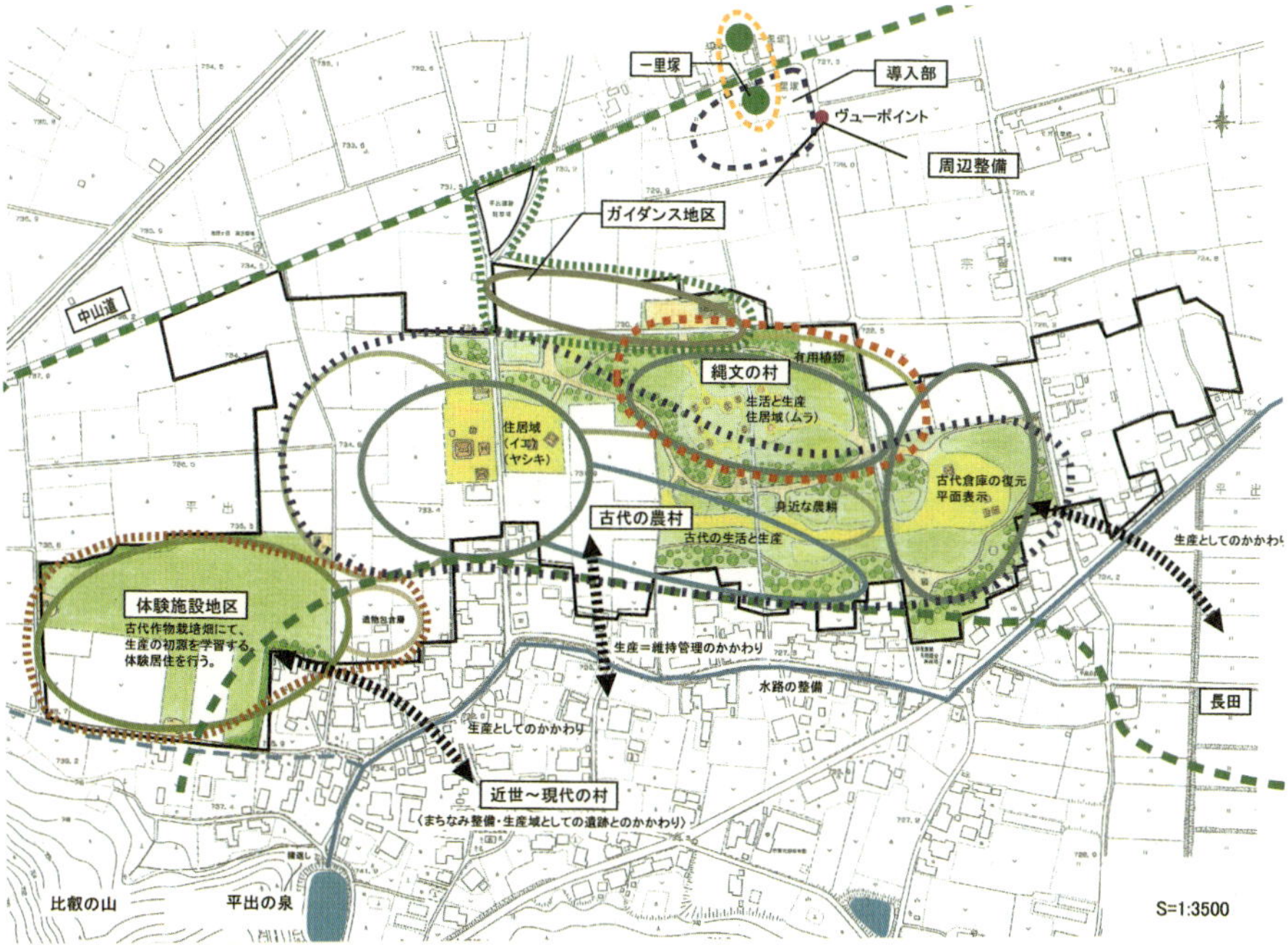

図66 ● 平出遺跡の整備はこんな姿になる

体として保護し、整備することも必要となろう。

将来的には、平出遺跡を核として、これらの優れた自然的・歴史的遺産を活用し、地域のなかでの歴史の流れを体感・体験するエコミュージアムへの展開も視野に入れた整備が重要になってこよう。

整備委員会委員長の戸沢充則は、「歴史を愛する多くの国民にとって、原始・古代の学習の場であり、心の故郷になるような史跡の保護と整備を行うとともに、広い面積を占める史跡とその周辺の地を、未来に向けた町づくりの中で位置づけ、その地域に住む市民にとって、日常生活の上でも安らぎと誇りを感じさせることのできるような、総合的な計画として取り組まれている。それはまさに五十年前、村民全体で行われた大発掘調査の偉業をひきつぐ、二十一世紀を迎えた塩尻市の〝世紀の大事業〟と讃えても過言ではない」（『信州の考古学のこころ』『信州の旅』一二四）と、平出遺跡の整備計画を評価する。

そして、五〇年前の発掘調査、その後、多くの困難を抱えながら平出遺跡を守ってきた人びとにつぎのようにエールを送り、失われつつある「考古学のこころ」をこの平出遺跡に見たい

図67 ● 2006年には「縄文の村」がオープンする

という。

「原さんとともに平出遺跡を護りぬいた宗賀村の人々は、世紀を越えて時代を見通す霊感ともいえるこころを持っていたと思う。数百万年の人類史を学ぶことによって、これからの人間の幸せに貢献する学問が考古学だというこころを、史跡平出遺跡の今後の整備・活用と保存計画の中で生かしたい」

この計画に基づき、塩尻市では本格的な史跡公園整備に着手した。完成までにはまだ数年の年月を要する遠大な計画である。すでに平出遺跡協力会や平出博物館友の会など多くの市民に支えられ、平出遺跡を核としてさまざまな活動が開始されつつある。

平出遺跡は、今、ようやく動きはじめた。そして、大きく飛躍しようとしている。整備がなった平出史跡公園で、縄文から現代までそれぞれの時代の生活を体験することを通じて、数千年間にわたって人びとが育み・受け継いできた生活の知恵や心を感じ、心が癒される場となることを願っている。

博物館紹介

塩尻市立平出博物館

・住　所　長野県塩尻市宗賀平出1011 － 3
・電　話　0263（52）1022
・開　館　9：00 ～ 17：00（入館は16：30まで）
・休館日　月曜・祝日の翌日・年末年始
・入館料　300円（小中学生無料）
・行き方　ＪＲ中央本線塩尻駅より徒歩20分
　　　　　または地域振興バスで平出博物館前下車
・平出の泉近くにあり、「平出遺跡展示室」で平出遺跡からの出土物を実際に見ることができる。その他、塩尻の歴史・民俗の展示室も充実している。隣接する歴史公園では復元された3号住居と高倉が、また史跡指定地内では62号住居を見学できる。アルプスを背景とした景観がすばらしい。

菖蒲沢窯跡出土の瓦塔

刊行にあたって

「遺跡には感動がある」。これが本企画のキーワードです。

あらためていうまでもなく、専門の研究者にとっては遺跡の発掘こそ考古学の基礎をなす基本的な手段です。また、はじめて考古学を学ぶ若い学生や一般の人びとにとって「遺跡は教室」です。

日本考古学では、もうかなり長期間にわたって、発掘・発見ブームが続いています。そして、毎年厖大な数の発掘調査報告書が、主として開発のための事前発掘を担当する埋蔵文化財行政機関や地方自治体などによって刊行されています。そこには専門研究者でさえ完全には把握できないほどの情報や記録が満ちあふれています。しかし、その遺跡の発掘によってどんな学問的成果が得られたのか、その遺跡やそこから出た文化財が古い時代の歴史を知るためにいかなる意義をもつのかなどといった点を、莫大な記述・記録の中から読みとることははなはだ困難です。ましてや、考古学に関心をもつ一般の社会人にとっては、刊行部数が少なく、数があっても高価なその報告書を手にすることすら、ほとんど困難といってよい状況です。

いま日本考古学は過多ともいえる資料と情報量の中で、考古学とはどんな学問か、また遺跡の発掘から何を求め、何を明らかにすべきかといった「哲学」と「指針」が必要な時期にいたっていると認識します。

本企画は「遺跡には感動がある」をキーワードとして、発掘の原点から考古学の本質を問い続ける試みとして、日本考古学が存続する限り、永く継続すべき企画と決意しています。いまや、考古学にすべての人びとの感動を引きつけることが、日本考古学の存立基盤を固めるために、欠かせない努力目標の一つです。必ずや研究者のみならず、多くの市民の共感をいただけるものと信じて疑いません。

監　修　戸沢　充則

編集委員　石川日出志　小野　正敏

勅使河原彰　佐々木憲一

著者紹介

小林康男（こばやし　やすお）

1949年生まれ。明治大学文学部史学地理学科考古学専攻卒業。

現在、塩尻市立平出博物館長として、博物館の運営、平出遺跡の調査・整備に携わる。

主な著作『平出―古代の村を掘る―』（信毎書籍出版センター）、「組成論」（『縄文文化の研究』7）、「河童形土偶の系譜とその変遷」（『土偶研究の地平』1）、「松本平東部山麓における縄文中期土偶の偏在性」（『列島の考古学』）ほか。

シリーズ「遺跡を学ぶ」006
五千年におよぶムラ・平出遺跡（ひらいでいせき）
2004年 5月30日　第1版第1刷発行

著　者＝小林康男
発行者＝株式会社 新 泉 社
東京都文京区本郷 2-5-12
振替・00170-4-160936番　TEL03(3815)1662／FAX03(3815)1422
印刷／太平印刷社　製本／榎本製本

ISBN4-7877-0436-2　C1021

シリーズ「遺跡を学ぶ」

米村　衛 著

001 北辺の海の民・モヨロ貝塚

オホーツク沿岸の５世紀、北の大陸からやって来たオホーツク文化人が独自の文化を花開かせていた。その後、９世紀にこつ然と消えたこの北辺の海の民の暮らしと文化を、その中心的遺跡「モヨロ貝塚」から明らかにし、古代のオホーツク海をめぐる文化交流を描く。

ISBN4-7877-0431-1

Ａ５判／96頁／定価1500円＋税

木戸雅寿 著

002 天下布武の城・安土城

織田信長が建てた特異な城として、いくたの小説や映画・ＴＶドラマで描かれてきた安土城。近年の考古学的発掘調査により、通説には多くの誤りがあることがわかった。安土城の真実の姿を考古学的調査から具体的に明らかにし、安土城築城の歴史的意義をさぐる。

ISBN4-7877-0432-X

Ａ５判／96頁／定価1500円＋税

若狭　徹 著

003 古墳時代の地域社会復元・三ツ寺Ｉ遺跡

群馬県南西部には、イタリア・ポンペイのように、榛名山噴火の火山灰の下に５世紀の景観と生活の跡がそのまま残されていた。首長の館跡を中心に、古墳・水田経営の跡・農民の住居跡の発掘調査や渡来人の遺物などから５世紀の地域社会の全体像を復元する。

ISBN4-7877-0433-8

Ａ５判／96頁／定価1500円＋税

勅使河原彰 著

004 原始集落を掘る・尖石遺跡

自由奔放で勇壮な精神あふれる土器群を残した八ヶ岳西南麓の縄文人たち。彼らの生活を知りたいと、竪穴住居址の完掘、縄文集落の解明、そして遺跡の保存へと、生涯を賭けた地元の研究者・宮坂英弌の軌跡をたどり、縄文集落研究の原点とその重要性を熱く語る。

ISBN4-7877-0434-6

Ａ５判／96頁／定価1500円＋税

大橋康二 著

005 世界をリードした磁器窯・肥前窯

17世紀中頃から18世紀中頃にかけて、肥前窯で作られた精巧で優美な磁器は、東南アジアから中近東、ヨーロッパまで輸出された。窯跡の発掘調査や海外の遺跡から出土した資料、伝世品などの考古学的研究から、肥前窯がどのように発展したかのを明らかにする。

ISBN4-7877-0435-4

Ａ５判／96頁／定価1500円＋税